POWER GRAINS

Backofentemperaturen

Die Backofentemperaturen in diesem Buch beziehen sich auf einen Elektroherd mit Ober- und Unterhitze.
Falls Sie mit Umluft arbeiten, reduziert sich die Temperatur um 20 °C.

Zutaten

Ist in der Zutatenliste „Pfeffer" aufgeführt, so ist immer frisch gemahlener, schwarzer Pfeffer aus der Mühle gemeint.

Mengenangaben

Löffelmengen

1 El Mehl, Backpulver, Stärke	=	10 g
1 El gehackte Nüsse	=	10 g
1 El gemahlene Nüsse	=	5 g
1 El Butter	=	10 g
1 El Sahne	=	10 ml
1 El Kakaopulver	=	5 g
1 El Zucker	=	15 g

1 El Puderzucker	=	10 g
1 El Konfitüre	=	15 g
1 El Honig	=	15 g

Sonstige

1 Päckchen Vanillezucker	=	8 g
1 Päckchen Backpulver	=	15 g
1 Päckchen Puddingpulver	=	35 g

Abkürzungen

ca.	=	circa
cl	=	Zentiliter
cm	=	Zentimeter
El	=	Esslöffel
g	=	Gramm
kcal	=	Kilokalorien
kg	=	Kilogramm
kJ	=	Kilojoule

l	=	Liter
Min.	=	Minuten
ml	=	Milliliter
Std.	=	Stunde
TK	=	Tiefkühlprodukt
Tl	=	Teelöffel
Ø	=	Durchmesser

Bildnachweis

Gesund & lecker!

POWER
GRAINS

QUINOA,
COUSCOUS,
BULGUR
& CO.

INHALTSVERZEICHNIS

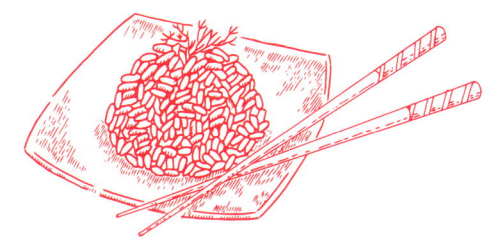

KLEINE KÖRNER ...
mit großer Wirkung

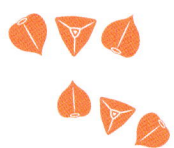

Sie lieben Abwechslung? Wollen richtig gut essen? Energie tanken? Und ganz nebenbei Ihren Körper mit wichtigen Nährstoffen versorgen? Willkommen bei unseren Powergrain-Rezepten! Was wir unter Powergrains verstehen? Ganz einfach: kleine Körner mit großer Wirkung!

Sie finden in diesem Buch sowohl Rezepte zu Getreidekörnern wie Dinkel oder Gerste als auch zu Samen wie Hanf- oder Chia und auch zu sogenanntem Pseudo-Getreide wie Amaranth. Pseudo-Getreide? Falls Sie sich fragen, was das ist: Unter dem Begriff werden getreideähnliche Körner gefasst, die botanisch allerdings nicht zu Getreide gehören. Amaranth zum Beispiel gehört botanisch zu den Fuchsschwanzgewächsen.

Sie finden in diesem Buch einen großen Anteil an Rezepten, in denen das ganze und vollwertige Korn Verwendung findet. Doch auch Rezepte mit bearbeiteten Körnern sind vertreten. Schließlich gehören Bulgur, Couscous & Co. zum modernen Lifestyle einfach dazu.

Sie sind überaus köstlich, liefern viel Energie und bereichern unsere Ernährung ungemein. In der Folge stellen wir Ihnen nun die wichtigsten Körner inklusive ihrer Kocheigenschaften vor. Viel Spaß!

AMARANTH

Das leicht krautig-herb und nussig schmeckende Amaranth eignet sich für vielerlei Gerichte. In Bratlingen, Pfannengerichten und auch im Salat bringen die Körnchen Abwechslung; in Breien, Suppen und Eintöpfen sorgen sie mit ihrer leicht klebrigen Konsistenz für Cremigkeit und Bindung. Amaranth kann sehr gut mit anderen Körnern kombiniert werden und ist als Korn, gepufft oder gemahlen erhältlich. Die Körner sollten vor der Zubereitung gründlich mit heißem Wasser abgespült werden. So werden die Bitterstoffe reduziert. Anschließend benötigen die Körnchen rund die doppelte Menge an Wasser, 25 Minuten Kochzeit und 7 Minuten zum Quellen auf der ausgeschalteten Herdplatte. Milder wird der krautignussige Eigenschmack durch Röstung. Dafür einfach die Körnchen vor dem Garen rund 3 Minuten bei mittlerer Hitze rösten, bis sie anfangen zu duften.

Amaranth zählt zu den Superfoods – also zu denjenigen Lebensmitteln, die eine besonders hohe Nährstoffdichte besitzen. Die sehr kleinen und glutenfreien Körnchen bergen auch tatsächlich eine wahre Fülle an Nährstoffen, Mineralien und Vitaminen – und sind somit wahre Energiequellen und Jungbrunnen. Kein Wunder, dass der Name „Amaranth" (aus dem griechischen „amàranthos") so viel wie „nicht welkend" – und im übertragenen Sinne „unsterblich" bedeutet. Übrigens: Schon die Inkas, Mayas und Azteken kannten Amaranth. Bei den Inkas gehörten die winzigen Körnchen und auch die Blätter der Amaranth-Pflanze zu den Grundnahrungsmitteln, die Azteken, die bereits vor 5000 Jahren Amaranth kultivierten, wogen ihn mit Gold auf.

Amaranth Pops lassen sich leicht selbst herstellen. Einfach eine Pfanne hoch erhitzen und dann nur so viele Körnchen hineingeben, dass der Boden gerade eben bedeckt ist. Die Pfanne vom Herd nehmen, den Deckel auflegen, die Pfanne kurz schwenken und dann warten, bis kein Poppen mehr zu hören ist. Fertig sind die Amaranth-Pops.

BUCHWEIZEN

Am bekanntesten ist Buchweizen in seiner gemahlenen Form in den japanischen Sobanudeln, den russischen Blinis und den französischen Galettes. Das glutenfreie Pseudo-Getreide ist als Knöterichgewächs botanisch nicht mit Getreide verwandt. Die Samen haben eine eckige Form, die Schale muss vor dem Verzehr entfernt werden. Geschmacklich ist Buchweizen erdig und mineralisch – wegen seines starken Eigengeschmacks wird er daher häufig beigemischt. Die Körner können sowohl in herzhaften als auch in süßen Gerichten eingesetzt werden. Sie machen sich besonders gut in Salaten, Bratlingen, Grützen und als Risotto- und Pilaw-Alternativen. Gemahlen kann Buchweizen in Brot oder Pfannkuchen beigemischt werden, in gepuffter Form in Müslis, Müsliriegeln und Gebäck.

Vor dem Kochen kann Buchweizen immer auch geröstet werden. 3–4 Minuten bei mittlerer Hitze reichen aus. Wenn Buchweizen nicht geröstet wird, sollte er vor der Zubereitung mit heißem Wasser abgespült werden. Anschließend mit der doppelten Menge kalten Wassers aufkochen und bei mittlerer Hitze rund 11 Minuten sanft köcheln lassen, bis das Wasser aufgebraucht ist. In ein Sieb abgießen und kalt abbrausen.

Der Nährstoffgehalt von Buchweizen ist äußerst hoch. Besonders hervorzuheben ist sein hoher Proteingehalt und die Tatsache, dass er über alle essentiellen Aminosäuren verfügt. Dies macht ihn auch für eine vegane Ernährungsweise sehr interessant.

BULGUR

Die goldgelben, mittelgroßen Körner werden aus geschrotetem, vorgekochtem Hartweizen hergestellt. In der orientalischen Küche gehören sie neben Reis zu den Grundnahrungsmitteln – und auch bei uns werden sie immer beliebter. Sie eignen sich ebenso für Füllungen wie auch in Salaten und natürlich als Beilage zu vielerlei Gerichten mit Sauce. Auch in Desserts und Gebäck können sie eingesetzt werden.

Da Bulgur bereits vorgegart ist, ist die Zubereitung äußerst schnell und einfach – er muss lediglich in der doppelten Menge heißen Wassers oder in heißer Brühe ca. 18 Minuten quellen. Anschließend mit einer Gabel lockern – fertig.

BRAUNER REIS

Im Gegensatz zum weißen Reis wird brauner Reis nicht geschliffen und poliert sondern lediglich von seiner harten Außenschicht befreit. Sein Silberhäutchen bleibt dran – was ihm die bräunliche Optik verleiht. Er schmeckt nussig, lecker und viel ausdrucksstärker als polierter weißer Reis. Auch sein Nährstoff- und Ballaststoffgehalt ist ungleich höher. Das glutenfreie Getreide liefert uns vor allem die Vitamine B2 und B3 sowie wertvolle Mineralien und Spurenelemente wie Eisen, Magnesium und Selen. In der Küche kann er für vielerlei Gerichte eingesetzt werden. Aufgrund der cremigen Konsistenz ist brauner Rundkornreis für alle weichen Gerichte wie zum Beispiel Risotto oder Breie geeignet, während brauner Langkornreis besonders in Salaten punktet.

Im Gegensatz zum weißen Reis ist die Gardauer etwas länger. Die einfachste Variante, den Reis zu kochen: Mit der 6-fachen Wassermenge aufkochen und ca. 30 Minuten kochen lassen. Anschließend das überschüssige Wasser abgießen. Alternativ in der 1,5-fachen Wassermenge aufkochen und bei niedriger Hitze ca. 30 Minuten ausquellen lassen. Für ein Risotto müssen Sie ein wenig Geduld aufbringen, werden aber geschmacklich belohnt. Rund 1 Stunde braucht brauner Rundkornreis, um im Risotto zu garen.

CHIA

Ob in Smoothies, Desserts, auf Salate gestreut, im Müsli oder in Samenmischungen zugesetzt: Die feinen, winzigen und glutenfreien Chia-Samen passen immer. Schon eine kleine Menge reicht aus, um die gesundheitsfördernden Wirkstoffe zu nutzen. Besonders hervorzuheben ist der hohe Anteil an Omega-3- und Omega-6-Fettsäuren, die Ballaststoffdichte, die für Darmgesundheit sorgt und Mineralien wie Kalzium, Eisen, Magnesium und Phosphor.

Auch bei der südamerikanischen Chia-Pflanze handelt es sich nicht um Getreide und wie schon beim Amaranth waren die Chia-Samen bereits vor tausenden von Jahren bei Mayas und Azteken bekannt und begehrt.

Chia-Gel selbst herstellen:

Besonders bekömmlich in Smoothies und sehr beliebt in Desserts ist das Chia-Gel. Da Chia-Samen extreme Quelleigenschaften besitzen, können mit ihnen Getränke und Cremes angedickt und dabei auch noch Vitalstoffe pur getankt werden. Dank ihrer winzigen Größe geht das Quellen sehr schnell. Geben Sie Chia-Samen mit der sechsfachen Wassermenge in ein ausreichend großes Gefäß. Dieses verschließen und die Samen rund 30 Minuten quellen lassen. Dabei alle 10 Minuten schütteln, damit sich keine Klumpen bilden. Im Kühlschrank hält sich das Gel 1 gute Woche und kann wunderbar in Smoothies, Müslis und Desserts untergerührt werden.

COUSCOUS

Ebenso wie Bulgur ist Couscous bereits vorgegart und verarbeitet. Die Körnung ist feiner als die des Bulgurs, zudem kann Couscous nicht nur aus Hartweizen sondern auch aus Hirse oder Gerste hergestellt werden. Seinen Ursprung hat Couscous im Maghreb. Dort ist er Grundnahrungsmittel und klassische Beilage zu den unterschiedlichsten Gerichten mit Gemüse, Fisch oder Fleisch. Couscous kann sowohl als Beilage als auch hervorragend als Füllung, Salat oder Dessert zubereitet werden. Die einfachste Zubereitungsvariante: Couscous mit der doppelten Menge heißen Wassers oder heißer Brühe begießen und anschließend rund 5 Minuten quellen lassen. Dann 1 Stich Butter unterrühren und alles mit der Gabel auflockern.

DINKEL UND GRÜNKERN

Als ganzes Korn eignet sich der nussig-schmeckende Dinkel als Alternative zu Reis in Salaten, Bratlingen, Füllungen und Suppen. Gemahlen kann er sowohl für Backwaren aller Art als auch für Nudelteige verwendet werden. Meist gibt es Dinkel in der Vollkornvariante, was ihn deutlich nährstoffreicher macht. In dieser Form ist er reich an Vitamin B2 und B3, enthält viele Ballaststoffe, wertvolle Spurenelemente, Fette und Proteine. Obwohl verwandt mit Weizen, kann er auch häufig von Menschen mit Weizenunverträglichkeit verzehrt werden.

Die Zubereitung der ganzen Körner ist denkbar einfach. Dinkel mit rund der zehnfachen Menge kalten Wassers aufsetzen, aufkochen und rund 50 Minuten sanft köcheln lassen. Dann sind die Körner gar, aber noch bissfest. Anschließend in ein Sieb gießen, kalt abbrausen und abtropfen lassen.

Grünkern ist der unreif geerntete und anschließend gedarrte Dinkel. Er ist nährstoff- und Ballaststoffreich und sowohl als ganzes Korn als auch geschrotet erhältlich. In der Zubereitungsart ist er identisch mit Dinkel und hat ein nussig-würziges Aroma.

GERSTE

Gibt es meist nur in Graupenform. Hierbei werden die Gerstenkörner geschält, geschliffen und poliert. Graupen schmecken nussig und behalten auch nach längerer Garzeit einen angenehmen Biss. Besonders beliebt sind Graupen in Suppen und Eintöpfen, doch auch in Salaten und Füllungen schmecken sie hervorragend. Werden Graupen wie Risotto verwendet, hat das einen großen Vorteil in der Zubereitung: Es muss nicht ständig gerührt werden. Graupen benöti-

gen rund 30 Minuten Kochzeit und sollten vor der Verwendung einmal abgespült werden.

Gerste punktet vor allem durch einen großen Anteil an Ballaststoffen, der für Darmgesundheit sorgt. Doch auch jede Menge Spurenelemente wie Selen, Phosphor und Mangan sowie gesundheitsfördernde sekundäre Pflanzenstoffe machen Geste zu einem Nahrungsmittel, das wieder häufiger in der Küche Verwendung finden sollte.

HAFER

Die robuste, genügsame Pflanze produziert nährstoffreiche, wohlschmeckende und dabei glutenarme Körner. Diese werden nach der Ernte gedarrt, geschält und meistens gewalzt. Vollkornhaferflocken werden im Gegensatz zu den üblichen Haferflocken vor dem Walzen nicht bedampft. So haben sie noch mehr Nährstoffe, werde aber schneller ranzig. Da beim Schälen lediglich die harten Spelzen entfernt werden bleiben die gesunden Keime und die Kleie erhalten.

Hafer gibt es sowohl als ganzes Korn, also nicht gewalzt, als Grütze, Kleie, kernige Flocken, Kleinblattflocken, Schmelzflocken und Mehl. In der Küche wird Hafer meist für Breie, Müslis und als Backzutat verwendet.

Hafer gilt als nährstoffreichstes Getreide. Schon kleine Mengen reichen aus, um gesundheitlichen Nutzen zu haben. Besonders der hohe Ballaststoffanteil und die große Menge Biotin, das für schöne Haut, gesunde Haare und starke Nägel mitverantwortlich ist, sind hervorzuheben. Auch Zink, was unter anderem unsere Abwehrkräfte stärkt, ist in Hafer in großer Menge vertreten.

HIRSE

Die glutenfreie und robuste Hirse gilt in vielen Regionen der Welt als Grundnahrungsmittel. Ihren Ursprung hat sie im ostasiatischen Raum, wo sie bereits vor 10000 Jahren kultiviert wurde. Die buttrig schmeckenden kleinen Körnchen gibt es als volle Körner, als Grieß, gepufft oder gemahlen. Hirse kann in der Küche vielfach eingesetzt werden. Zum Frühstück ge-

auch von Menschen mit einer Weizenunverträglichkeit vertragen. Im Unterschied zu modernen Weizensorten enthält Kamut rund 40 Prozent mehr Proteine, zudem ist sein hoher Selen-Anteil zu erwähnen. Kamut gibt es als ganzes Korn oder gemahlen.

Ganze Kamutkörner werden wie Dinkelkörner zubereitet. Mit der zehnfachen Menge kalten Wassers aufgesetzt benötigen Sie rund 45 Minuten Kochzeit. Anschließend in ein Sieb abgießen und abtropfen lassen.

QUINOA

Quinoa kann in der Küche vielfältig eingesetzt werden. Ob in Bratlingen, im Salat, als Füllung, im Müsli oder einfach als Beilage: Die kleinen, glutenfreien Körnchen schmecken – und sind obendrein gesund. Mit einem hohem Eiweißanteil, wichtigen Spurenelementen wie zum Beispiel Folsäure und vielen Ballaststoffen ist es nicht verwunderlich, dass die gesunde Küche immer häufiger zu Quinoa greift. Meist gibt es die weißen Körnchen im Handel, falls Sie einmal schwarze oder rote sehen, sollten sie zugreifen. Sie bleiben nach dem Garen etwas bissfester und schmecken intensiver.

Vor der Zubereitung müssen die Körnchen gründlich gewaschen werden, um Bitterstoffe zu reduzieren. Anschließend werden sie in der doppelten Menge Flüssigkeit rund 12 Minuten gart. Fertig!

Nun aber viel Spaß mit unseren Rezepten und vor allem: Guten Appetit!

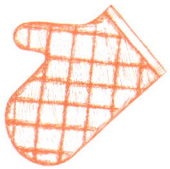

pufft im Müsli oder Brei mit frischem Obst, mittags und abends in Salaten, Füllungen, Bratlingen oder Suppen. Vor der Zubereitung sollte Hirse in einem Sieb gründlich gespült werden. Anschließend mit der doppelten Menge Wasser oder Brühe aufkochen, 12 Minuten sanft köcheln lassen, dann den Topf vom Herd ziehen und die Hirse weitere 10 Minuten quellen lassen, bis das gesamte Wasser aufgenommen ist.

In gesundheitlicher Hinsicht punktet Hirse besonders durch ihren hohen Silicium-Anteil, das als Spurenelement für eine straffe Haut, starke Haare und stabile Nägel sorgt.

KAMUT

Kamut ist ein iranischer Verwandter des Weizens, allerdings mit doppelt so großen Körnern. Sein Nährstoffgehalt ist höher als der des herkömmlichen Weizens, außerdem wird er, ebenso wie Dinkel, häufig

DINKEL, KAMUT & WEIZEN

Exotisches
FRÜCHTEMÜSLI

FÜR 10 PORTIONEN

Zubereitungszeit: ca. 10 Minuten

Pro Portion ca. 228 kcal/955 kJ

6 g E, 6 g F, 37 g KH

ZUTATEN

100 g Dinkelvollkornflocken

100 g kernige Haferflocken

100 g Roggenvollkornflocken

60 g Reisflocken

60 g ungesüßte Cornflakes

60 g Cashewkerne

30 g getrocknete und entsteinte Datteln

30 g getrocknete Feigen ohne Stiel

25 g getrocknete Mangostücke

15 g getrocknete Papayastücke

25 g getrocknete Ananasstücke

25 g Bananenchips

25 g Kokoschips

ZUBEREITUNG

Alle Flocken zusammen mit den Cornflakes in eine große Rührschüssel geben und gut vermengen.

Cashewkerne, Datteln, Feigen, Mango- und Papayastücke grob hacken und zur Flockenmischung geben. Die Ananasstücke, falls nötig, halbieren. Die Bananen- und Kokoschips in grobe Stücke brechen und zusammen mit der Ananas unter das Müsli rühren.

In einen luftdichten Behälter umfüllen und das Müsli innerhalb weniger Wochen verbrauchen.

Veganes
DINKELGRIESS-FRÜHSTÜCK

ZUTATEN

2 El Hanfsamen

3 El vegane Margarine

80 g Dinkelgrieß

1 l Mandelmilch

1 Prise Salz

½ Tl Kardamom (gestrichen)

8 El Rosinen

6 El Gojibeeren

FÜR 4 PORTIONEN
Zubereitungszeit: ca. 15 Minuten

Pro Portion ca. 220 kcal/921 kJ

5 g E, 11 g F, 25 g KH

ZUBEREITUNG

In einer Pfanne ohne Fett die Hanfsamen kurz anrösten. In einem Mörser grob zerstoßen und beiseitestellen.

In einem Topf die Margarine schmelzen und den Dinkelgrieß dazugeben. Mit der Mandelmilch aufgießen und mit Salz und Kardamom würzen. Die Rosinen und die Gojibeeren zugeben. Bei schwacher Hitze unter gelegentlichem Rühren 6–8 Minuten köcheln lassen, bis ein Brei entsteht. Gegebenenfalls noch etwas Mandelmilch dazugeben.

Das Dinkelgrieß-Frühstück auf Schalen verteilen, die Hanfsamen darüberstreuen und sofort servieren.

Wer keinen Mörser hat, kann die Hanfsamen auch in einen Briefumschlag geben und mit dem Nudelholz darüberrollen.

DINKELSALAT
mit Brokkoli und Mango

FÜR 4 PORTIONEN

Zubereitungszeit: ca. 45 Minuten
(plus Garzeit)
Pro Portion ca. 390 kcal/1633 kJ
15 g E, 17 g F, 43 g KH

ZUTATEN

200 g Dinkel
Salz
1 Brokkoli (400 g)
1 Mango
4 El Olivenöl
2 El Himbeeressig
Pfeffer
50 g ungesalzene Cashewkerne

ZUBEREITUNG

Den Dinkel in einem Sieb unter fließendem Wasser waschen. In kaltem Wasser über Nacht einweichen, abgießen und abtropfen lassen.

Den Dinkel mit 800 ml Salzwasser aufkochen und bei kleiner Hitze 25–30 Minuten köcheln lassen, bis die Körner weich sind. Dabei immer wieder umrühren und bei Bedarf Wasser nachgießen. In einem Sieb kalt abbrausen und auskühlen lassen.

Den Brokkoli waschen, putzen, in Röschen teilen und den Stiel würfeln. In einem Topf Salzwasser zum Kochen bringen und den Brokkoli 4–6 Minuten bissfest kochen. Das Wasser abgießen und den Brokkoli abschrecken.

Die Mango schälen, das Fruchtfleisch vom Kern schneiden und klein würfeln. Den Dinkel mit dem Brokkoli und der Mango mischen. Mit Olivenöl, Himbeeressig, Salz und Pfeffer abschmecken. Die Cashewkerne grob hacken und darüberstreuen.

Sie können zusätzlich auch noch 100 g Babyspinat und 1 Esslöffel frisch gehackte Minze unterheben.

AVOCADO-TABOULÉ
mit Granatapfel

FÜR 4 PORTIONEN

Zubereitungszeit: ca. 30 Minuten
(plus Zeit zum Ziehen)
Pro Portion ca. 534 kcal/2243 kJ
10 g E, 28 g F, 58 g KH

ZUTATEN

250 g Vollkorn-Couscous
300 ml Gemüsebrühe
1 El Butter
1 großer Bund glatte Petersilie
1 Bund Koriander
½ Bund Minze
4 Zweige Dill
1 Salatgurke
1 Granatapfel
1 rote Chilischote
2 Zitronen
1 Avocado
6 El Olivenöl
Salz
Pfeffer

ZUBEREITUNG

Vollkorn-Couscous in eine ausreichend große Schüssel füllen. Die Gemüsebrühe aufkochen und über den Couscous gießen. Abgedeckt etwa 3 Minuten ziehen lassen, dann die Butter hinzugeben. Alles mit der Gabel verrühren und auflockern. Couscous abkühlen lassen.

Die Kräuter waschen, trocken schleudern und die Blätter hacken. Die Gurke schälen, putzen, längs halbieren und die Kerne mit einem Teelöffel herausschaben. Die entkernte Gurke in kleine Würfel schneiden. Den Granatapfel vierteln und die Kerne herauslösen. Die Chilischote putzen, waschen, trocken tupfen und fein hacken. Zusammen mit den anderen gehackten und gewürfelten Zutaten zum Couscous geben und unterheben.

Die Zitronen auspressen. Die Avocado halbieren, den Stein herauslösen und die Schale entfernen. Das Fruchtfleisch würfeln und mit dem Zitronensaft und dem Öl unter das Taboulé mischen. Alles mit Salz und Pfeffer pikant abschmecken und bis zum Servieren abgedeckt ca. 30 Minuten ziehen lassen.

KAMUT-SALAT
mit Kichererbsen und Blaubeeren

FÜR 4 PORTIONEN

Zubereitungszeit: ca. 30 Minuten

(plus Kochzeit und Zeit zum Auskühlen)

Pro Portion ca. 498 kcal/2084 kJ

19 g E, 40 g F, 17 g KH

ZUTATEN

300 g Kamut

550 ml Gemüsebrühe

200 g Kichererbsen aus dem Glas

1 Bund glatte Petersilie

4 Frühlingszwiebeln

100 g Wildkräutersalat (ersatzweise Feldsalat)

100 g Blaubeeren

50 g Pinienkerne

3 El Zitronensaft

Salz

Pfeffer

50 ml Olivenöl

200 g Ziegenfrischkäse

ZUBEREITUNG

Kamut mit der Gemüsebrühe in einen Topf geben. Aufkochen und bei schwacher Hitze ca. 45 Minuten köcheln lassen. Den Topf vom Herd ziehen und die Mischung bei geschlossenem Deckel langsam abkühlen lassen. Dann in eine Schüssel umfüllen.

Die Kichererbsen in ein Sieb geben. Mit kaltem Wasser abspülen und abtropfen lassen. Die Petersilie waschen, trocken schleudern und die Blättchen hacken. Die Frühlingszwiebeln waschen, trocknen, putzen und das Weiße und Hellgrüne in dünne Ringe schneiden. Zusammen mit der Petersilie und den Kichererbsen zum Kamut geben und alles unterheben.

Wildkräutersalat waschen, putzen und trocken schleudern. Die Blaubeeren waschen und trocken tupfen. Die Pinienkerne in einer Pfanne ohne Fett goldbraun rösten, dann beiseitestellen.

Aus Zitronensaft, Salz, Pfeffer und Olivenöl ein Dressing zubereiten und dieses über die Kamut-Mischung geben. Alles unterheben. Direkt vor dem Servieren den Wildkräutersalat unterheben.

Die Mischung auf Tellern verteilen. Den Ziegenfrischkäse in kleinen Nocken darauf verteilen und alles mit Blaubeeren und Pinienkernen bestreuen.

COUSCOUS-SALAT
mit Rumpsteak

FÜR 4 PORTIONEN

Zubereitungszeit: ca. 30 Minuten

Pro Portion ca. 649 kcal/2717 kJ

54 g E, 35 g F, 28 g KH

ZUTATEN

220 g Zuckerschoten

Salz

2 rote Zwiebeln

4 mittelgroße Tomaten

12 El Sojasauce

8 El Limettensaft

8 El Mirin (süßer japanischer Reiswein)

3 El Sonnenblumenöl

1 El Sesamöl

8 El Couscous

4 Rumpsteaks (à ca. 200 g)

Pfeffer

8 El Butterschmalz

1 Bund glatte Petersilie

ZUBEREITUNG

Die Zuckerschoten waschen, putzen, halbieren und etwa 2 Minuten in leicht gesalzenem Wasser blanchieren. Abgießen und in Eiswasser abschrecken. Abtropfen lassen.

Die Zwiebeln schälen, halbieren und in sehr feine Scheiben schneiden. Tomaten waschen, vierteln, die Stielansätze entfernen und das Fruchtfleisch fein würfeln.

Sojasauce mit Limettensaft, Mirin, Sonnenblumenöl und Sesamöl verrühren. Zwiebeln, Tomaten und Zuckerschoten hinzufügen. Couscous nach Packungsanweisung mit kochendem Wasser übergießen und ausquellen lassen.

Die Rumpsteaks waschen, trocken tupfen und den Fettrand einschneiden. Das Fleisch salzen, pfeffern und im heißen Butterschmalz von jeder Seite ca. 3 Minuten braten. In Alufolie wickeln und kurz ruhen lassen.

Die Petersilie waschen, trocken schütteln, die Blättchen abzupfen und grob hacken. Couscous mit einer Gabel auflockern und mit der Petersilie zum Salat geben. Gut vermischen und auf 4 Tellern anrichten.

Das Fleisch in dünne Scheiben schneiden und auf dem Couscous-Salat platzieren.

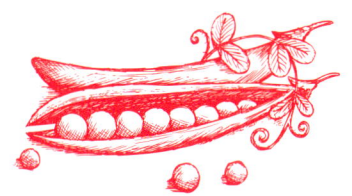

GEMÜSEPÄCKCHEN
mit Bulgurfüllung

FÜR 4 PORTIONEN

Zubereitungszeit: ca. 30 Minuten
(plus Garzeit)
Pro Portion ca. 336 kcal/1407 kJ
19 g E, 11 g F, 45 g KH

ZUTATEN

12 große Wirsing- oder Mangoldblätter
Salz
2 Zwiebeln
1 Knoblauchzehe
1 rote Paprikaschote
3 El Raps- oder Olivenöl
150 g Bulgur
1 Tl Instant-Gemüsebrühe
Pfeffer
6 reife Aprikosen
2 El mittelscharfer Senf
200 g veganer Grillkäse
Öl für die Grillschale

ZUBEREITUNG

Die Kohlblätter gründlich abspülen und etwa 2 Minuten in kochendem Salzwasser blanchieren. Zwiebeln und Knoblauch abziehen und fein würfeln. Paprika halbieren, putzen, waschen und ebenfalls in Würfel schneiden.

Das Öl in einem Topf erhitzen, Zwiebeln, Knoblauch und Paprika darin andünsten. Den Bulgur unterrühren und einige Minuten mitdünsten. Die Brühe und ca. 300 ml Wasser zugeben und das Ganze aufkochen lassen. Bei schwacher Hitze etwa 15 Minuten köcheln lassen, dann mit Salz und Pfeffer abschmecken und den Topf vom Herd ziehen.

Die Aprikosen häuten und entsteinen. Die Hälfte der Aprikosen pürieren und mit dem Senf verrühren. Die übrigen Früchte würfeln. Den Grillkäse in Würfel schneiden oder zerbröseln. Aprikosenwürfel, Grillkäse und die Hälfte des Aprikosensenfs unter die Bulgurmasse rühren. Je 3 Kohlblätter leicht überlappend zusammenlegen. Jeweils etwas Bulgurmasse daraufgeben, dann die Kohlblätter so zusammenschlagen, dass Päckchen entstehen. Mit Spießen feststecken. Die Päckchen in geölte Grillschalen legen und auf dem heißen Grill etwa 15 Minuten grillen. Den restlichen Aprikosensenf dazu reichen.

Alternativ können die Gemüsepäckchen auch in der Grillpfanne auf dem Herd zubereitet werden.

DINKELRISOTTO
mit Kohlrabi und Möhren

FÜR 4 PORTIONEN

Zubereitungszeit: ca. 40 Minuten
(plus Garzeit)
Pro Portion ca. 440 kcal/1842 kJ
20 g E, 21 g F, 42 g KH

ZUTATEN

200 g Dinkel
1 Zwiebel
1 Knoblauchzehe
2 kleine Knollen Kohlrabi (400 g)
4 Möhren
5 Stängel Petersilie
2 El Olivenöl
800 ml Gemüsebrühe
4 El Butter
50 g frisch geriebener Parmesan
Salz
Pfeffer

ZUBEREITUNG

Den Dinkel in einem Sieb unter fließendem Wasser waschen. In kaltem Wasser über Nacht einweichen, abgießen und abtropfen lassen.

Die Zwiebel und den Knoblauch schälen und fein hacken. Die Kohlrabis und Möhren putzen, schälen und klein würfeln. Die Petersilie waschen, trocken schütteln, die Blättchen abzupfen und fein hacken.

In einem Topf das Olivenöl erhitzen und die Zwiebel und den Knoblauch darin glasig dünsten. Den Dinkel zugeben und kurz anrösten. Die Gemüsebrühe angießen und den Dinkel bei kleiner Hitze 25–30 Minuten köcheln lassen, bis die Körner weich sind. Dabei immer wieder umrühren und bei Bedarf Wasser nachgießen.

Inzwischen in einer Pfanne 2 Esslöffel Butter erhitzen und die Kohlrabi- und Möhrenwürfel 8–10 Minuten bissfest braten. Das Risotto vom Herd nehmen, das Gemüse und die Petersilie untermischen und mit Parmesan, der restlichen Butter, Salz und Pfeffer abschmecken.

BULGUR-BURGER
mit feurigem Käsedip

FÜR 4 PORTIONEN

Zubereitungszeit: ca. 1 Stunde

Pro Portion ca. 621 kcal/2600 kJ

22 g E, 32 g F, 62 g KH

ZUTATEN

Für die Buns:

4 Roggenbrötchen (FP)

Für die Pattys:

150 g Bulgur, Gemüsebrühe zum Quellen

1 Zwiebel, 2 El Butter, 200 g Erbsen (TK)

Salz, Pfeffer, 1 Prise Zucker

1 El Mehl, 4 El Paniermehl

1 El gehackte glatte Petersilienblätter

1–2 Eier

Für die Toppings:

400 g Rucola, 1 große Fleischtomate

1 El Olivenöl, 1 Tl Himbeeressig

Salz, Pfeffer

4 Tl Erdnussbutter mit Stücken (crunchy)

Für den Käsedip:

4 frische rote Chilischoten, 2 Knoblauchzehen

Salz, 6 El grob geriebener Parmesan

1 Tl Limettensaft

1 Tl fein gehackte Korianderblätter

4 El Olivenöl

ZUBEREITUNG

Den Bulgur nach Packungsangabe in Brühe quellen lassen. Die Zwiebel schälen und fein hacken. In einem Topf in heißer Butter glasig dünsten. Erbsen, Salz, Pfeffer und Zucker hinzufügen. Mit 1 Esslöffel Wasser etwa 10 Minuten dünsten.

Bulgur mit den Erbsen, Mehl, Paniermehl, Petersilie und verquirltem Ei vermischen. Ist der Teig zu trocken, etwas Wasser oder 1 zusätzliches Ei unterkneten. Mit angefeuchteten Händen aus dem Teig 4 Pattys formen und auf dem Grill etwa 10 Minuten bräunen. Dabei vorsichtig wenden. Die Brötchen halbieren und die Schnittflächen auf dem Grill leicht antoasten.

Für die Toppings den Rucola waschen, trocknen und grob zerkleinern. Die Tomate waschen und in Scheiben schneiden, dabei den Stielansatz entfernen. Aus Öl, Essig, Salz und Pfeffer ein Dressing bereiten.

Die unteren Brötchenhälften mit Erdnussbutter bestreichen und mit den Rucolablättern belegen. Etwas Dressing über den Salat träufeln. Die Pattys auflegen und mit den Tomatenscheiben bedecken. Die oberen Brötchenhälften auflegen.

Für den Käsedip die Chilis putzen, waschen und trocken tupfen. In einen Mixer geben. Die Knoblauchzehen schälen, grob hacken und mit etwas Salz hinzufügen. Alles fein pürieren. Käse, Limettensaft und Koriander zugeben. Das Öl nach und nach unterrühren, bis eine homogene Mischung entstanden ist.

COUSCOUS
mit Ofengemüse

FÜR 2 PORTIONEN

Zubereitungszeit: ca. 55 Minuten

Pro Portion ca. 620 kcal/2596 kJ

22 g E, 20 g F, 86 g KH

ZUTATEN

1 Möhre

1 Zucchini

1 kleine Aubergine

1 rote Zwiebel

3–4 Knoblauchzehen

3 El Olivenöl

Salz

1 unbehandelte Orange

150 g Couscous

½ Tl Zimt

1 Tl Kurkuma

2 Tl Kreuzkümmel

1 Msp. Chilipulver

3 getrocknete Pflaumen

½ Dose Kichererbsen (Abtropfgewicht 240 g)

2 Stängel Koriander

ZUBEREITUNG

Backofen auf 200 °C vorheizen. Möhre schälen, putzen und schräg in Scheiben schneiden. Zucchini waschen, putzen, längs vierteln und in Stücke schneiden. Aubergine waschen, putzen und ebenfalls in Stücke schneiden. Zwiebel schälen und in Ringe schneiden. Knoblauch schälen. Alles gründlich mit Öl vermengen, auf ein mit Backpapier ausgelegtes Backblech geben und 30–40 Minuten im Ofen garen. Dann mit Salz abschmecken.

Inzwischen die Orange heiß waschen, trocknen und die Schale abreiben. Den Saft auspressen. Couscous und Gewürze in eine Schale geben und mit 200 ml kochendem Wasser übergießen. 10 Minuten abgedeckt ziehen lassen, nach der Hälfte der Zeit den Orangensaft zugeben. Pflaumen klein hacken. Kichererbsen abgießen und unter fließendem Wasser abspülen. Koriander waschen, trocken schütteln, Blättchen abzupfen und klein hacken.

Den Couscous mit der Orangenschale, den Pflaumen und den Kichererbsen vermischen. Mit Salz abschmecken. Couscous mit dem Ofengemüse und mit Koriander bestreut servieren.

Gefüllte COUSCOUS-TOMATEN

FÜR 4 PORTIONEN

Zubereitungszeit: ca. 20 Minuten
(plus Garzeit)
Pro Portion ca. 358 kcal/1499 kJ
9 g E, 15 g F, 45 g KH

ZUTATEN

Salz
2 El Olivenöl
150 g Couscous
50 g Pinienkerne
6 Stängel Petersilie
6 Stängel Minze
½ Bund Frühlingszwiebeln
2 El Sultaninen
1 Tl rosenscharfes Paprikapulver
1 Tl Zimt
Pfeffer
4 große Tomaten (à ca. 200 g)
Öl für die Grillschale

ZUBEREITUNG

250 ml Wasser mit Salz und Öl aufkochen. Vom Herd nehmen und den Couscous einrühren. Kurz umrühren und zugedeckt 5 Minuten quellen lassen. In eine Schüssel füllen und mit einer Gabel auflockern.

Die Pinienkerne in einer Pfanne ohne Fett rösten, bis sie zu duften beginnen. Petersilie und Minze waschen, trocken schütteln und die Blättchen fein hacken. Die Frühlingszwiebeln putzen, waschen und in feine Ringe schneiden.

Den Couscous mit Pinienkernen, Petersilie, Minze, Frühlingszwiebeln, Sultaninen, Paprikapulver und Zimt mischen. Mit Salz und Pfeffer abschmecken.

Die Tomaten waschen, einen Deckel abschneiden und die Kerne mit einem Löffel herauskratzen. Die Tomaten innen salzen und pfeffern und mit der Couscousmischung füllen. Die Deckel wieder aufsetzen. Tomaten auf einer leicht geölten Alu-Grillschale im geschlossenen Kugelgrill 10 Minuten grillen oder im vorgeheizten Backofen bei 200 °C 15 Minuten garen.

KOKOS-BULGUR
mit Beeren und griechischem Joghurt

FÜR 4 PORTIONEN

Zubereitungszeit: ca. 25 Minuten
(plus Zeit zum Auftauen)
Pro Portion ca. 303 kcal/1272 kJ
9 g E, 13 g F, 37 g KH

ZUTATEN

300 g gemischte Waldbeeren (TK)
125 g Bulgur
1 Vanilleschote
375 ml Kokosmilch
4 El Honig
40 g Mandelblättchen
250 g griechischer Joghurt

Außerdem:
Honig zum Beträufeln

ZUBEREITUNG

Die Waldbeeren auftauen lassen. Den Bulgur in ein Sieb geben, kalt abbrausen und abtropfen lassen. Dann in eine Schale geben. Die Vanilleschote längs aufschneiden und das Mark herauskratzen.

Mark und Schote mit der Kokosmilch in einen Topf geben und aufkochen. Die Schote entfernen und 2 Esslöffel Honig in die Kokosmilch rühren. Diese Mischung über den Bulgur gießen und alles abgedeckt 20 Minuten quellen lassen. Den Deckel entfernen, die Mischung mit einer Gabel auflockern

Die Waldbeeren mit dem ausgetretenen Saft und dem restlichen Honig erwärmen. Die Mandelblättchen in einer Pfanne ohne Fett goldgelb rösten. Den griechischen Joghurt glatt rühren.

Den Bulgur auf Gläser verteilen. Die Beeren daraufgeben und anschließend den Joghurt. Alles mit Honig beträufeln und mit Mandelblättchen bestreut servieren.

COUSCOUS-CUPCAKES
mit Koriander-Topping

FÜR 12 STÜCK

Zubereitungszeit: ca. 30 Minuten
(plus Backzeit und Zeit zum Abkühlen)
Pro Stück ca. 220 kcal/921 kJ
8 g E, 11 g F, 21 g KH

ZUTATEN

Für den Teig:

100 g Couscous
100 ml Gemüsebrühe
1 Handvoll getrocknete Tomaten
200 g Mehl
50 g gehackte Mandeln
1 Tl Zucker
1 El Backpulver
1 Tl Salz
1 Ei
4 El Olivenöl
¼ l Buttermilch
4 El frisch gehackter Koriander
abgeriebene Schale und 1 El Saft
von 1 unbehandelten Zitrone

Für das Topping:

12 Kirschtomaten
400 g Ziegenfrischkäse
¼ Tl Salz
4 El frisch gehackter Koriander

ZUBEREITUNG

Den Backofen auf 180 °C vorheizen. Muffinblech mit Papierförmchen auslegen. Couscous in eine Schüssel geben und mit der heißen Brühe begießen. Quellen lassen, bis das Wasser aufgesogen und das Couscous weich ist. Getrocknete Tomaten mit etwas heißem Wasser übergießen und ca. 10 Minuten einweichen, anschließend trocken tupfen und in kleine Stücke schneiden.

Mehl, Mandeln, Zucker, Backpulver und Salz in einer Schüssel mischen. In einer zweiten Schüssel das Ei schaumig rühren. Öl und Buttermilch dazugeben und untermischen. Couscous, Koriander, Zitronenschale und -saft, Tomaten und die trockenen Zutaten dazugeben und zügig unterrühren.

Teig in die Muffinförmchen füllen und ca. 25 Minuten backen. Nach einer Stäbchenprobe herausnehmen, vorsichtig aus den Mulden heben und auf einem Kuchengitter vollständig auskühlen lassen.

Die Kirschtomaten waschen und abtrocknen. Den Ziegenfrischkäse cremig rühren, mit Salz und Koriander würzen. Mit einem Spritzbeutel mit Sterntülle auf die Cupcakes spritzen. Jeweils 1 Tomate in die Mitte setzen.

GEWÜRZ-CRACKER
mit Fenchel

FÜR 45 STÜCK

Zubereitungszeit: ca. 30 Minuten
(plus Back- und Kühlzeit)
Pro Stück ca. 54 kcal/227 kJ
2 g E, 3 g F, 4 g KH

ZUTATEN

150 g Weizenvollkornmehl

100 g kernige Haferflocken

2 Tl Salz

2 Tl Koriandersamen

2 Tl Fenchelsamen

4 El Olivenöl

½ Tl Sesamöl

250 g Kern- und Samenmix (z. B. Leinsamen,
Sesam, Mohn, Chia, Sonnenblumenkerne,
Kürbiskerne, gehackte Nüsse usw.)

Außerdem:

Meersalz
Öl zum Einfetten

ZUBEREITUNG

Sämtliche Zutaten, bis auf den Kernmix, mit 360 ml kaltem Wasser mithilfe eines Kochlöffels gut vermischen, abdecken und 1 Stunde kühl stellen. Anschließend die Kerne unterrühren.

Backofen auf 200 °C vorheizen. Ein Backblech ölen, sehr glatt mit Backpapier auslegen und auch dieses ölen. Den Teig nun mit einem Löffel oder einer Winkelpalette gleichmäßig bis zum Rand auf dem Backblech verstreichen. Mit Meersalz bestreuen.

15 Minuten backen. Das Backblech aus dem Ofen nehmen und die Temperatur auf 175 °C reduzieren. Mit einem scharfen Messer oder einem Teigrädchen 45 Cracker vorschneiden. Backblech wieder in den Ofen schieben und 30–40 Minuten knusprig zu Ende backen.

Cracker auaf dem Backpapier auskühlen lassen, umdrehen und vorsichtig das Backpapier abziehen. An den Sollbruchstellen auseinanderbrechen.

DINKEL-ROGGEN-BROT
mit Chia- und Hanfsamen

FÜR 1 BROT (KASTENFORM 22 CM LANG)

Zubereitungszeit: ca. 15 Minuten
(plus Backzeit)
Pro Stück ca. 1810 kcal/7578 kJ
60 g E, 37 g F, 306 g KH

ZUTATEN

3 El Sonnenblumenkerne

250 g Dinkelvollkornmehl

200 g Roggenmehl

1 El Brotgewürz

1 El Schabzigerklee, alternativ Brotgewürz

1 Tl Salz

2 El Chia-Samen

2 El Hanfsamen

1 Prise Rohrohrzucker

ca. 320 ml kohlensäurehaltiges Mineralwasser

1 P. Weinsteinbackpulver

2 El Naturjoghurt (oder Sojajoghurt)

1 Tl Agavendicksaft

Außerdem:

Fett für die Form

ZUBEREITUNG

Eine Kastenform ausfetten. Den Boden mit Sonnenblumenkernen ausstreuen. Ein ofenfestes Gefäß mit 500 ml Wasser füllen und auf den Boden des Backofens stellen. Den Backofen auf 200 °C vorheizen.

Alle Zutaten für das Brot in eine Schüssel geben und mit den Knethaken des Handrührgeräts ca. 5 Minuten auf kleiner Stufe rühren, bis der Teig eine geschmeidige Konsistenz hat. Gegebenenfalls etwas mehr Mineralwasser hinzufügen.

Den Teig in die Kastenform füllen und auf der Oberseite einkerben. Auf der mittleren Schiene im Backofen 40–45 Minuten backen.

Schabzigerklee, auch Brotklee genannt, ist ein altes Brotgewürz, das in gut sortierten Bioläden zu finden ist.

QUITTEN-VOLLKORN-KUCHEN

FÜR 1 BACKBLECH (CA. 20 STÜCKE)

Zubereitungszeit: ca. 45 Minuten

(plus Zeit zum Gehen und Backzeit)

Pro Stück ca. 330 kcal/1379 kJ

6 g E, 13 g F, 46 g KH

ZUTATEN

Für den Teig:

500 g Dinkel-Vollkornmehl

1 Würfel frische Hefe

180 ml lauwarme Milch

80 g Roh-Rohrzucker, 1 Prise Salz

100 g Butter, 2 Eier

Für den Belag:

2 kg Quitten

1 unbehandelte Zitrone

4 El Roh-Rohrzucker

1 Tl Zimtpulver

Für die Streusel:

150 g Marzipankartoffeln

100 g weiche Butter, 200 g Mehl

100 g Roh-Rohrzucker, 1 Prise Salz

Außerdem:

Mehl für die Arbeitsfläche

ZUBEREITUNG

Das Mehl in eine Schüssel sieben. Eine Mulde formen und die Hefe hineinbröckeln. Mit 1 El Zucker, ungefähr ⅓ der Milch, dem Salz und etwas Mehl vom Rand verrühren. Abgedeckt ca. 15 Minuten gehen lassen.

Die Butter für den Teig schmelzen und wieder etwas abkühlen lassen. Mit den Eiern, der restlichen Milch und dem restlichen Zucker in die Schüssel geben. Alles verkneten, mit einem Küchentuch abdecken und an einem warmen Ort windgeschützt ca. 1 Stunde gehen lassen, bis der Teig sein Volumen verdoppelt hat.

Die Quitten waschen, schälen und die Kerngehäuse entfernen. Das Fruchtfleisch in Spalten schneiden. Die Zitrone heiß waschen und trocken reiben. Die Schale dünn abreiben, die Frucht auspressen. Quitten mit Zitronensaft, Zitronenschale, Zucker und Zimt in ca. 150 ml Wasser etwa 40 Minuten dünsten, bis sie weich sind. Abkühlen lassen.

Den Backofen auf 180 °C vorheizen. Ein Backblech mit Backpapier belegen. Für die Streusel die Marzipankartoffeln hacken und mit allen anderen Zutaten verkneten. Bis zur weiteren Verwendung kalt stellen. Den Teig auf einer bemehlten Arbeitsfläche in Größe des Backblechs ausrollen. Auf das Backblech legen und die Quitten darauf verteilen. Ca. 15 Minuten gehen lassen. Dann den Streuselteig darüberkrümeln.

Den Kuchen auf der mittleren Schiene ca. 25 Minuten backen. Da Dinkelteig schneller trocken wird, sollte der Kuchen sofort aus dem Ofen genommen werden, sobald er durchgebacken ist. Dafür nach 20 Minuten Backzeit schon einmal eine Stäbchenprobe machen.

QUINOA, AMARANTH & CHIA

TATSOI-GURKEN-SMOOTHIE
mit Kiwi

ZUTATEN

2 El Chia-Samen

200 g Gurke

1 Kiwi

100 g Tatsoi

2 Äpfel

100 ml Kokoswasser

1 Handvoll Eiswürfel

ZUBEREITUNG

Den Chia-Samen in den Mixer geben. 50 ml Wasser hinzugießen. Die Gurke waschen und grob zerkleinern. Die Kiwi schälen und zerteilen. Den Tatsoi waschen und putzen, die Blätter grob zerkleinern und zusammen mit Gurke und Kiwi in den Mixer geben.

Die Äpfel waschen, vierteln und nach Belieben die Kerngehäuse entfernen. Die Früchte zerteilen und mit dem Kokoswasser in den Mixer geben. Alles glatt pürieren.

Zum Schluss die Eiswürfel hinzugeben. So lange weitermixen, bis die Konsistenz glatt ist.

ROMANA-SMOOTHIE
mit Aprikosen

ZUTATEN

150 g Romana-Salat

4 Stängel Petersilie

50 g Babyspinat

2 El Chia-Samen

8 Aprikosen

1 Orange

1 Handvoll Eiswürfel

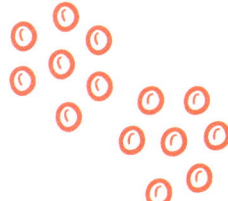

FÜR 2 GLÄSER À CA. 350 ML
Zubereitungszeit: ca. 10 Minuten
Pro Glas ca. 110 kcal/461 kJ
5 g E, 1 g F, 18 g KH

ZUBEREITUNG

Den Romana-Salat waschen und putzen. Die Petersilie waschen. Den Babyspinat waschen. Alles zerkleinern und mit dem Chia-Samen in den Mixer geben.

Die Aprikosen waschen, halbieren und die Kerne entfernen. Die Orange schälen und die Frucht zerteilen. Das Fruchtfleisch von Orange und Aprikosen ebenfalls in den Mixer geben. 100 ml Wasser hinzugießen und alles pürieren.

Die Eiswürfel hinzugeben und alles so lange mixen, bis die Konsistenz schön sämig ist. Nach Belieben mit weiterem Wasser verdünnen.

QUINOA-PORRIDGE
mit frischen Beeren

FÜR 2 PORTIONEN

Zubereitungszeit: ca. 5 Minuten
(plus Garzeit und Zeit zum Ziehen)
Pro Portion ca. 307 kcal/1285 kJ
11 g E, 9 g F, 44 g KH

ZUTATEN

250 ml Milch

100 g weiße Quinoa

1 Prise Salz

¼ TL Zimtpulver

1–2 EL flüssiger Honig zum Beträufeln

1 EL gehackte oder gehobelte Mandeln

frische Beeren zum Servieren

ZUBEREITUNG

Die Milch auf mittlere Temperatur erhitzen, gewaschene Quinoa und das Salz dazugeben und die Mischung unter ständigem Rühren einmal aufkochen lassen. Die Temperatur reduzieren, sodass die Milch immer nur knapp vorm Siedepunkt simmert. Quinoa bei offenem Deckel 20–25 Minuten sanft quellen lassen, bis sie gar ist und die Mischung breiartig eingekocht ist. Dabei immer wieder umrühren, damit die Milch nicht anbrennt. Danach vom Herd ziehen, den Deckel auflegen und die Quinoa für weitere 5 Minuten quellen lassen.

Das Porridge auf zwei Schüsseln verteilen, mit Zimtpulver bestäuben, mit Honig beträufeln, mit Mandeln bestreuen und mit frischen Beeren servieren.

CHIA-LEINSAMEN-PUDDING
mit Heidelbeerpüree

ZUTATEN

2 Birnen

6 El geschrotete Leinsamen

6 El Chia-Samen

400 ml Mandelmilch (oder Wasser)

200 g Heidelbeeren

1 Vanilleschote (Mark)

ZUBEREITUNG

Die Birnen waschen, von Kerngehäuse und Stiel befreien und fein würfeln. Die Leinsamen und die Chia-Samen mit den Birnenstücken in eine Schüssel geben, mit Mandelmilch übergießen und 5 Minuten quellen lassen. Alles gut vermengen und auf 4 Schälchen verteilen.

Die Heidelbeeren waschen, zusammen mit dem Vanillemark in einen hohen Rührbecher geben und mit dem Pürierstab glatt mixen. Das Heidelbeerpüree über den Pudding geben und den Pudding vor dem Servieren mindestens 30 Minuten kalt stellen.

FÜR 4 PORTIONEN
Zubereitungszeit: ca. 15 Minuten
(plus Kühlzeit)
Pro Portion ca. 180 kcal/754 kJ
7 g E, 11 g F, 14 g KH

AMARANTH-BREI
mit Bratbananen

ZUTATEN

1 Vanilleschote

3 El Amaranth

1 Prise Salz

2 El geschälte Mandeln

2 kleine Bananen

1 Tl Butter

150 ml Mandelmilch

ZUBEREITUNG

Vanilleschote längs aufschneiden und mit einem Messer das Mark herausschaben. Amaranth heiß abspülen, in einen Topf geben und mit der dreifachen Menge Wasser bedecken. Einmal aufkochen lassen, Salz, Vanillemark und -schote zugeben und alles bei kleiner Hitze 30 Minuten garen und quellen lassen. Gegebenenfalls noch etwas Wasser nachgießen.

Inzwischen die Mandeln in einer Pfanne ohne Fett goldgelb anrösten. Abkühlen lassen, dann klein hacken. Bananen schälen und in Scheiben schneiden. Butter in einer Pfanne schmelzen, Bananenscheiben dazugeben und kurz anbraten.

Vanilleschote aus dem Amaranth entfernen. Diesen mit der Mandelmilch vermischen und auf zwei Schüsseln verteilen. Bananen und Mandeln darübergeben und servieren.

FÜR 2 PORTIONEN

Zubereitungszeit: ca. 35 Minuten

Pro Portion ca. 230 kcal/963 kJ

5 g E, 9 g F, 31 g KH

KOKOS-AMARANTH-MÜSLI
mit Früchten

ZUTATEN

250 g Himbeeren

2 Bananen

2 El frisch gepresster Zitronensaft

500 g Sojajoghurt natur

100 g Kokosnusscreme

2 El Agavendicksaft

60 g Amaranth-Pops

4 El Kokoschips

ZUBEREITUNG

Die Himbeeren waschen und abtropfen lassen. Die Bananen schälen, in Scheiben schneiden und mit dem Zitronensaft vermischen. Den Sojajoghurt mit der Kokosnusscreme verrühren und nach Belieben mit dem Agavendicksaft süßen.

Die Joghurtcreme portionsweise in Gläsern anrichten. Die Bananen darübergeben und die Amaranth-Pops darauf verteilen. Mit den Himbeeren garnieren und die Kokoschips darüberstreuen.

FÜR 4 PORTIONEN
Zubereitungszeit: ca. 15 Minuten
Pro Portion ca. 330 kcal/1382 kJ
10 g E, 18 g F, 31 g KH

QUINOA-TABOULÉ
mit Beeren und Chia-Samen

FÜR 4 PORTIONEN

Zubereitungszeit: ca. 25 Minuten
(plus Zeit zum Gehen)
Pro Portion ca. 380 kcal/1591 kJ
24 g E, 6 g F, 52 g KH

ZUTATEN

250 g Quinoa

400 g Quark

1 El Milch

2 El Agavendicksaft

500 g gemischte Beeren (z. B. Erdbeeren,
Blaubeeren, Johannisbeeren, Brombeeren)

1 kleines Bund Minze

2 El Chia-Samen

ZUBEREITUNG

Den Quinoa in einem feinen Sieb unter fließend heißem Wasser gründlich waschen. Mit 400 ml Wasser in einen Topf geben und aufkochen. Bei kleiner Hitze ca. 15 Minuten köcheln lassen, dabei gelegentlich umrühren. Vom Herd ziehen und zugedeckt 5 Minuten ausquellen lassen.

Den Quark mit der Milch glatt rühren. Nach Belieben mit Agavendicksaft süßen. Die Beeren waschen und abtropfen lassen. Die Erdbeeren putzen und klein schneiden. Die Johannisbeeren von den Rispen streifen. Die Minze waschen, trocken schütteln, die Blättchen abzupfen und klein hacken.

Den Quinoa mit dem Quark mischen, die Beeren und die Minze unterheben. Mit den Chia-Samen bestreut servieren.

AMARANTH-SALAT
mit weißen Bohnen und Tomaten

FÜR 4 PORTIONEN

Zubereitungszeit: ca. 20 Minuten
(plus Kochzeit, Abkühlzeit und Zeit zum Ziehen)
Pro Portion ca. 593 kcal/2483 kJ
19 g E, 29 g F, 62 g KH

ZUTATEN

250 g Amaranth

750 ml Gemüsebrühe

250 g weiße Bohnen (aus dem Glas)

1 Bund glatte Petersilie

½ Bund Basilikum

2 Schalotten

2 Orangen

4 El Aceto balsamico bianco

2 El Zitronensaft

1 TI Dijon-Senf

Salz

Pfeffer

6 El Olivenöl

1 Avocado

ZUBEREITUNG

Amaranth heiß abspülen, dann mit der Gemüsebrühe in einen Topf geben. Aufkochen und bei sanfter Hitze etwa 30 Minuten köcheln lassen. Dabei immer mal wieder umrühren. Den Topf vom Herd ziehen und umrühren. Den Amaranth abkühlen lassen. Anschließend in eine Salatschüssel füllen.

Die Bohnen in ein Sieb geben und kalt abspülen, dann abtropfen lassen. Die Kräuter waschen, trocken schleudern und Petersilienblättchen hacken. Die Basilikumblätter nur abzupfen. Die Schalotten schälen und fein hacken. Die Orangen filetieren. Die Filets mit dem ausgetretenen Saft, der gehackten Petersilie und den Schalotten zum Amaranth geben und unterheben.

Aceto balsamico bianco, Zitronensaft und Senf verrühren. Salzen, pfeffern und dann das Olivenöl hinzurühren. Die Mischung über den Salat gießen, alles rund 20 Minuten ziehen lassen, dann nochmals abschmecken.

Die Avocado halbieren, den Stein und die Schale entfernen und das Fruchtfleisch würfeln. Sofort mit dem Basilikum unter den Salat heben. Auf Tellern verteilen und genießen.

Dieser Salat schmeckt auch gut unterwegs und ist ein toller Begleiter für jedes Picknick.

QUINOA-SALAT
mit Rotkohl

FÜR 2 PORTIONEN

Zubereitungszeit: ca. 35 Minuten

Pro Portion ca. 430 kcal/1800 kJ

13 g E, 21 g F, 46 g KH

ZUTATEN

100 g Quinoa

½ Tl Salz

200 g Rotkohl

2 Möhren

1 Gurke

3 Stängel Koriander

2 El Sesam

2 Knoblauchzehen

½ rote Chili

1 Stück Ingwer (ca. 1 cm)

2 getrocknete Aprikosen

1 El Erdnussmus

2 El geröstetes Sesamöl

1 El Limettensaft

ZUBEREITUNG

Quinoa in einem Sieb unter fließendem Wasser so lange spülen, bis das Wasser klar bleibt. In einem Topf 300 ml Wasser zum Kochen bringen, Quinoa und Salz zugeben, einmal aufkochen lassen, dann die Hitze reduzieren und zugedeckt etwa 15 Minuten köcheln lassen. Vom Herd nehmen und weitere 10 Minuten quellen lassen.

Inzwischen den Rotkohl waschen und putzen, dann auf einer Gemüsereibe in feine Streifen hobeln. Mit Salz in eine Schüssel geben und mit den Händen etwa 3 Minuten kräftig durchkneten. Möhren schälen, putzen und in feine Stifte schneiden. Gurke waschen, putzen und ebenfalls in feine Stifte schneiden. Koriander waschen, putzen und fein hacken. Sesam in einer Pfanne ohne Fett goldbraun anrösten.

Für das Dressing den Knoblauch schälen und grob hacken. Chili putzen, waschen und grob hacken. Ingwer schälen und grob hacken. Aprikosen grob hacken. Alles zusammen mit Erdnussmus, Sesamöl und Limettensaft in ein hohes Gefäß geben und glatt pürieren. Mit Salz abschmecken. Nach Belieben etwas Wasser hinzufügen, damit das Dressing flüssiger wird.

Quinoa mit Rotkohl, Möhren, Gurken und dem Dressing mischen. Mit Koriander und Sesam bestreut servieren.

GEMÜSE-QUINOA
mit Kohlrabi-Carpaccio

FÜR 4 PORTIONEN

Zubereitungszeit: ca. 35 Minuten
(plus Garzeit und Zeit zum Ziehen)
Pro Portion ca. 610 kcal/2554 kJ
16 g E, 20 g F, 91 g KH

ZUTATEN

Für das Chutney:

500 g Pflaumen

1 kleine Knoblauchzehe, 1 kleine Zwiebel

3 cm Ingwer

60 g Rohrohrzucker

3 El Aceto balsamico

Saft von ½ Orange

1 Lorbeerblatt, 2 Nelken

1 kleine Zimtstange

1 kleines Stück Schale von
1 unbehandelten Orange

Für den Quinoa:

350 g roter Quinoa, Salz

2 mittelgroße Knollen Kohlrabi

1 Bund Radieschen

4 El Walnüsse

3 El Olivenöl

2 El Himbeeressig

Saft von ½ Orange

1 Tl Agavendicksaft

Pfeffer

ZUBEREITUNG

Für das Chutney die Pflaumen waschen, entsteinen und klein schneiden. Knoblauch, Zwiebel und Ingwer schälen und fein hacken.

In einem Topf Knoblauch, Zwiebel und Ingwer mit dem Zucker karamellisieren. Mit Balsamico und Orangensaft ablöschen. Die restlichen Zutaten zugeben und bei schwacher Hitze ca. 30 Minuten köcheln, dabei gelegentlich umrühren. In ein heiß ausgespültes Glas füllen.

Den Quinoa in einem feinen Sieb unter fließend heißem Wasser gründlich waschen. In einem Topf mit 900 ml Salzwasser bei schwacher Hitze ca. 15 Minuten köcheln lassen, dabei gelegentlich umrühren. 5 Minuten ausquellen lassen und eventuell überschüssiges Wasser abgießen.

Die Kohlrabis schälen und in dünne Scheiben hobeln. Die Radieschen waschen, putzen und ebenfalls in dünne Scheiben hobeln. Die Walnüsse grob hacken. Für die Vinaigrette das Olivenöl mit Himbeeressig, Orangensaft, 6 Esslöffeln Wasser und Agavendicksaft verquirlen. Mit Salz und Pfeffer würzen.

Die Vinaigrette und den roten Quinoa mischen, die Radieschenscheiben unterheben. Die Kohlrabischeiben fächerartig auf Teller verteilen und den Radieschen-Quinoa mittig auf das Carpaccio setzen. Mit den Walnüssen bestreuen. Das Pflaumen-Chutney dazu servieren.

Für das Chutney kann man statt Pflaumen auch Sauerkirschen verwenden.

QUINOTTO
mit Kürbis und Radicchio

FÜR 4 PORTIONEN

Zubereitungszeit: ca. 20 Minuten
(plus Garzeit und Zeit zum Ziehen)
Pro Portion ca. 440 kcal/1842 kJ
17 g E, 21 g F, 46 g KH

ZUTATEN

4 El Kürbiskerne

250 g Quinoa

1 Zwiebel

1 Knoblauchzehe

300 g Hokkaido-Kürbis

1 kleiner Radicchio

2 El Olivenöl

750 ml Gemüsebrühe

50 g frisch geriebener Parmesan

Salz

Pfeffer

ZUBEREITUNG

Die Kürbiskerne in einer Pfanne ohne Fett kurz anrösten, bis sie zu duften beginnen. Den Quinoa in einem feinen Sieb unter fließend heißem Wasser gründlich waschen.

Die Zwiebel und die Knoblauchzehe schälen und fein hacken. Den Hokkaido-Kürbis waschen, entkernen und in ca. 2 cm große Würfel schneiden. Den Radicchio putzen, waschen, trocken schütteln und in feine Streifen schneiden.

In einem großen Topf das Olivenöl erhitzen und die Zwiebel und den Knoblauch darin anschwitzen. Quinoa und Kürbis zugeben und kurz mit anbraten. Mit der Gemüsebrühe aufgießen und bei schwacher Hitze ca. 15 Minuten köcheln lassen, dabei gelegentlich umrühren. Nach Bedarf Wasser nachgießen.

Den Topf vom Herd nehmen und das Quinotto 5 Minuten ziehen lassen. Den Parmesan unterrühren und mit Salz und Pfeffer abschmecken. Zuletzt den Radicchio unterheben und das Quinotto auf Teller verteilen. Mit Kürbiskernen garnieren.

Schmeckt auch sehr gut mit gerösteten Walnüssen als Alternative zu den Kürbiskernen.

QUINOA-BRATLINGE
mit Saure-Sahne-Dip

FÜR 4 PORTIONEN

Zubereitungszeit: ca. 45 Minuten

Pro Portion ca. 550 kcal/2303 kJ

16 g E, 22 g F, 40 g KH

ZUTATEN

Für die Bratlinge:

200 g Quinoa

2 Süßkartoffeln

2 rote Zwiebeln

1 kleine rote Paprikaschote

2 Knoblauchzehen

2 Limetten

3 El Olivenöl

1 kleines Bund Petersilie

400 g gekochte Pintobohnen
(aus der Dose, alternativ Kidneybohnen)

40 g Hanfsamen (alternativ Sonnenblumenkerne)

1 El frisch gehackter Oregano

1 El gemahlener Kreuzkümmel

1 Ei (Größe L)

Für den Dip:

1 Knoblauchzehe

4 El saure Sahne

1 El Paprikapulver

1 Prise Chilipulver

2 El Zitronensaft

1 El Leinöl

ZUBEREITUNG

Quinoa in einem Sieb waschen und abtropfen lassen. In einem Topf mit der doppelten Menge Wasser bei mittlerer Hitze und geschlossenem Deckel ca. 15 Minuten kochen und weitere 15 Minuten ausquellen lassen. Dabei gelegentlich umrühren.

Die Süßkartoffeln schälen, würfeln, in einen Topf geben, zu zwei Dritteln mit Wasser bedecken und bei geschlossenem Deckel ca. 20 Minuten weich garen. Dann abgießen und mit einem Kartoffelstampfer zerstampfen oder mit einem Pürierstab pürieren.

Die Zwiebeln schälen, die Paprikaschoten waschen und putzen und beides fein hacken. Knoblauch schälen und durch eine Presse drücken. Die Limetten auspressen. Zwiebeln, Paprika und Knoblauch mit 1 Esslöffel Öl in eine Pfanne geben und 5 Minuten dünsten. In eine große Schüssel füllen.

Die Petersilie waschen, trocken schütteln und fein hacken. Die Bohnen in einem Sieb abtropfen lassen und leicht zerdrücken. Mit Quinoa, Süßkartoffelpüree, Hanfsamen, Oregano, Kreuzkümmel und dem Ei zu den Zwiebeln geben und gründlich vermischen. Aus der Masse 8 Bratlinge formen und diese in der Pfanne mit restlichem Öl bei mittlerer Hitze ca. 6 Minuten pro Seite knusprig backen.

Für den Dip den Knoblauch schälen, durch eine Presse drücken und mit allen weiteren Zutaten sowie 80 ml Wasser verquirlen.

QUINOA
mit Roter Bete und Apfel

FÜR 4 PORTIONEN

Zubereitungszeit: ca. 40 Minuten

Pro Portion ca. 430 kcal/1800 kJ

10 g E, 19 g F, 53 g KH

ZUTATEN

250 g Quinoa

750 ml Gemüsebrühe

2 Schalotten

3 Stängel Minze

1 große Fenchelknolle (200 g)

1 Apfel

2 mittelgroße Knollen Rote Bete
(ca. 250 g, vorgekocht)

6 El Olivenöl

Salz

Pfeffer

Saft von ½ Zitrone

ZUBEREITUNG

Den Quinoa in einem feinen Sieb unter fließend heißem Wasser gründlich waschen. Mit der Gemüsebrühe in einen Topf geben und aufkochen. Bei kleiner Hitze ca. 15 Minuten köcheln lassen, dabei gelegentlich umrühren. Vom Herd ziehen und zugedeckt 5 Minuten ausquellen lassen.

Inzwischen die Schalotten schälen und fein hacken. Die Minze waschen, trocken schütteln, die Blättchen abzupfen und fein hacken. Das Fenchelgrün abschneiden und beiseitelegen. Fenchel und Apfel waschen, putzen und klein würfeln. Die Roten Beten ebenfalls klein würfeln (Küchenhandschuhe verwenden, da sie stark abfärben).

In einer Pfanne 2 Esslöffel Olivenöl erhitzen und die Schalotten darin glasig dünsten. Den Fenchel zugeben und bei mittlerer Hitze 5 Minuten bissfest garen. Den Apfel und die Roten Beten zugeben und weitere 2 Minuten braten. Mit Salz und Pfeffer würzen.

Das restliche Öl und den Zitronensaft unter den Quinoa mischen, das Gemüse und die Minze dazugeben und alles vorsichtig vermischen. Das Fenchelgrün waschen, trocknen und grob hacken. Den Quinoa auf Tellern anrichten und mit dem Fenchelgrün bestreuen.

AMARANTH-ZUCCHINI

FÜR 4 PORTIONEN

Zubereitungszeit: ca. 35 Minuten
(plus Koch-, Abkühl- und Backzeit)
Pro Portion ca. 646 kcal/2700 kJ
28 g E, 39 g F, 46 g KH

ZUTATEN

Für die Sauce:

1 Zwiebel, 1 Knoblauchzehe
1 El Olivenöl
500 ml passierte Tomaten
3 Lorbeerblätter, ½ Tl Oregano
Salz, Pfeffer
1 Prise Zucker

Für die Zucchini:

100 g Amaranth
Salz
100 g Quinoa
1 rote Chilischote
1 Spitzpaprika
2 Schalotten
1 Bund glatte Petersilie
4–8 Zucchini (je nach Größe)
2 El Olivenöl
75 g Haselnüsse
2 Eier
200 g Schafskäse
Pfeffer

ZUBEREITUNG

Für die Sauce die Zwiebel und die Knoblauchzehe schälen und fein hacken. Das Öl erhitzen und beides darin glasig dünsten. Mit den passierten Tomaten ablöschen. Lorbeerblätter und Oregano hineinrühren. Alles salzen, pfeffern und den Zucker zugeben. Bei geschlossenem Topf und milder Hitze bis zum Servieren sanft köcheln lassen.

Amaranth in einem Sieb gründlich abspülen und mit 300 ml Salzwasser ca. 30 Minuten gar kochen. Abkühlen lassen. Quinoa ebenfalls abspülen, mit 250 ml Salzwasser in einen Topf geben und ca. 15 Minuten gar kochen. Ebenfalls abkühlen lassen. Mit dem Amaranth in einer Schüssel mischen. Den Backofen auf 180 °C vorheizen.

Die Chilischote putzen, waschen und fein hacken. Die Spitzpaprika putzen, waschen und in feine Würfel schneiden. Die Schalotten schälen und fein hacken. Petersilie waschen, trocken schleudern und die Blättchen hacken. Zucchini waschen, putzen, längs halbieren und das Innere mit einem Teelöffel herausschaben, dann hacken. Das Zucchini-Äußere mit Olivenöl bepinseln, das Innere salzen.

Die Schalotten mit Chili und Spitzpaprika im Olivenöl ca. 10 Minuten andünsten. Das Zucchini-Innere und die Petersilie hinzugeben und alles noch etwa 2 Minuten unter Rühren dünsten. Vom Herd nehmen und zum Getreide geben.

Die Haselnüsse zur Hälfte mahlen, zur Hälfte hacken. Mit den Eiern und dem zerbröckelten Schafskäse zum Getreide geben. Alles gut vermengen, dann in die Zucchinihälften füllen, dabei festdrücken. Auf ein mit Backpapier belegtes Blech legen und auf der unteren Schiene ca. 30 Minuten garen. Herausnehmen und mit der Tomatensauce auf Tellern anrichten.

CHIA-AMARANTH-DESSERT

im Glas mit frischen Himbeeren

FÜR 4 PORTIONEN

Zubereitungszeit: ca. 20 Minuten
(plus Zeit zum Quellen)
Pro Stück ca. 421 kcal/1764 kJ
14 g E, 21 g F, 43 g KH

ZUTATEN

5 El Chia-Samen

175 ml Milch

2 El Rohrohrzucker

400 g Himbeeren

4 El Haferflocken

400 g griechischer Joghurt

1 P. Vanillezucker

½ Tl abgeriebene Schale von
1 unbehandelten Zitrone

2 Tl Zitronensaft

100 g gepopptes Amaranth

40 g gehackte Pistazien

Außerdem:

Agavendicksaft zum Beträufeln

ZUBEREITUNG

Chia-Samen mit Milch und Rohrohrzucker verrühren. Abgedeckt ca. 30 Minuten im Kühlschrank quellen lassen, bis die Mischung eine puddingähnliche Konsistenz entwickelt hat.

Die Himbeeren mit kaltem Wasser abbrausen und vollständig abtropfen lassen. Die Haferflocken in einer Pfanne ohne Fett goldgelb rösten, dann beiseitestellen. Den griechischen Joghurt mit Vanillezucker, Zitronenschale und Zitronensaft verrühren, dann das gepoppte Amaranth unterrühren.

Auf die Gläser die Hälfte des Amaranth-Joghurts verteilen, dann die Hälfte der Himbeeren. Den kompletten Chia-Pudding daraufgeben und die gerösteten Haferflocken darauf verteilen. Nun den restlichen Amaranth-Joghurt und die restlichen Himbeeren. Alles mit Agavendicksaft beträufeln und mit gehackten Pistazien bestreuen.

HIRSE, HAFER & GERSTE

 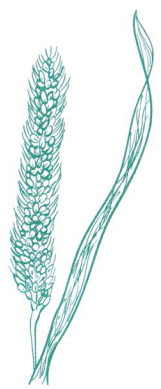 

OVERNIGHT OATS
mit Birne und Cranberrys

ZUTATEN

700 ml Mandelmilch

1 Prise Salz

300 g Vollkornhaferflocken

1 große Birne (ca. 400 g)

4 El Mandeln

50 g Cranberrys

2 El Mandelmus

ZUBEREITUNG

In einer Schüssel die Mandelmilch mit Salz und den Haferflocken mischen. Abdecken und über Nacht in den Kühlschrank stellen.

Am nächsten Tag die Birne waschen, vierteln und vom Kerngehäuse befreien. In Scheiben schneiden. Die Mandeln grob hacken.

Die Birnenscheiben und die Cranberrys unter die Overnight Oats mischen und den Brei auf Teller verteilen. Jeweils etwas Mandelmus darübergeben und mit den gehackten Mandeln bestreuen.

FÜR 4 PORTIONEN

Zubereitungszeit: ca. 15 Minuten

(plus Kühlzeit)

Pro Portion ca. 360 kcal/1507 kJ

12 g E, 15 g F, 45 g KH

HIRSE-MÜSLI
mit Joghurt und Apfel

ZUTATEN

2 Äpfel

500 g Naturjoghurt (oder Sojajoghurt)

150 ml Milch (oder pflanzliche Milch)

50 g geschroteter Leinsamen

½ Tl Zimt

160 g Hirseflocken

4 El Kakao-Nibs

FÜR 4 PORTIONEN

Zubereitungszeit: ca. 15 Minuten

Pro Portion ca. 380 kcal/1591 kJ

18 g E, 23 g F, 25 g KH

ZUBEREITUNG

Die Äpfel waschen, entkernen und klein würfeln. Naturjoghurt, Milch, Leinsamen und Zimt in einer großen Schüssel verrühren. Die Äpfel und die Hirseflocken unterrühren. Die Mischung auf Müslischalen verteilen und mit Kakao-Nibs bestreuen.

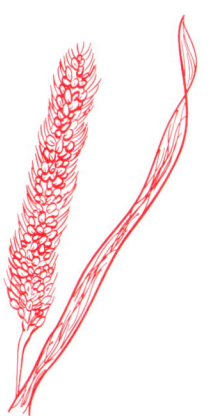

HAFERPORRIDGE
mit Goji-Beeren

FÜR 2 PORTIONEN

Zubereitungszeit: ca. 5 Minuten
(plus Einweichzeit)
Pro Portion ca. 500 kcal/2093 kJ
22 g E, 12 g F, 74 g KH

ZUTATEN

200 g Haferflocken

2 TI Chia-Samen

400 ml Sojamilch

3 TI getrocknete Goji-Beeren

3 TI Kakaonibs

2 TI Hanfsamen

2 TI Honig und frische Beeren nach Belieben

ZUBEREITUNG

Haferflocken und Chia-Samen mischen und auf zwei Gläser oder Schüsselchen verteilen. Jeweils mit 150 ml Sojamilch bedecken. Mindestens 1 Stunde, am besten über Nacht, abgedeckt im Kühlschrank quellen lassen.

Die restliche Sojamilch dazugeben und untermischen. Mit Goji-Beeren, Kakaonibs und Hanfsamen bestreuen. Nach Saison und Belieben mit etwas Honig und frischen Beeren servieren.

CHAI-LATTE-OVERNIGHT-OATS
mit Chia-Samen

ZUTATEN

40 g zarte Haferflocken

125 ml Milch

1 El Haferkleie

1 El Chia-Samen

1 Tl lösliches Chai-Latte-Pulver

1 Prise Salz

1–2 Tl Honig

ZUBEREITUNG

Alle Zutaten in ein gut verschließbares Einmachglas geben, den Deckel aufsetzen und die Mischung kräftig durchschütteln, bis alles gleichmäßig vermischt ist.

Das Glas über Nacht in den Kühlschrank stellen und die Overnight Oats am nächsten Morgen kalt oder erwärmt mit frischen Früchten nach Wahl zum Frühstück servieren.

FÜR 1 PORTION
Zubereitungszeit: ca. 5 Minuten
(plus Einweichzeit)
Pro Portion ca. 291 kcal/1219 kJ
11 g E, 9 g F, 42 g KH

SALATWRAPS
mit Hirsefüllung

FÜR 2 PORTIONEN

Zubereitungszeit: ca. 30 Minuten

Pro Portion ca. 460 kcal/1926 kJ

9 g E, 28 g F, 41 g KH

ZUTATEN

100 g Hirse

1 Roma- oder Kopfsalat

½ Gurke

100 g bunte Kirschtomaten

100 g Himbeeren

½ Bund Basilikum

1 unbehandelte Zitrone

5 El Olivenöl

Salz

Pfeffer

2 El Hüttenkäse

ZUBEREITUNG

Die Hirse in ein Sieb geben und waschen, bis das Wasser klar ist. Kurz in einem Topf anrösten, dann 300 ml Wasser dazugeben und aufkochen lassen. 10 Minuten bei geschlossenem Deckel leise köcheln lassen, dann die Herdplatte ausschalten und weitere 10 Minuten quellen lassen.

Die großen äußeren Blätter des Salats abtrennen, waschen, trocken tupfen und beiseitelegen. Gurke waschen, längs halbieren und entkernen. Das Fruchtfleisch in dünne Scheiben schneiden. Tomaten waschen, die Stielansätze entfernen und vierteln. Himbeeren waschen und trocken tupfen. Basilikumblättchen abzupfen, waschen, trocken schütteln und in feine Streifen schneiden. Zitrone heiß abspülen, die Schale abreiben und den Saft einer Zitronenhälfte auspressen.

Für das Dressing 1 Esslöffel Himbeeren zusammen mit Zitronensaft und Olivenöl glatt pürieren. Mit Salz und Pfeffer abschmecken.

Die Hirse mit Gurken, Tomaten, den restlichen Himbeeren, Basilikum, Zitronenschale, Hüttenkäse und Dressing vermengen. Jeweils etwas Hirsefüllung mittig in einem Längsstreifen auf den Salatblättern platzieren, dabei das untere Drittel freilassen. Das untere Drittel nach oben über die Füllung klappen, dann alles aufrollen und mit der offenen Seite nach unten anrichten.

HIRSE-LIMETTEN-SALAT
mit Schafskäse

FÜR 4 PORTIONEN

Zubereitungszeit: ca. 30 Minuten
(plus Zeit zum Ziehen)
Pro Portion ca. 520 kcal/2177 kJ
17 g E, 31 g F, 42 g KH

ZUTATEN

200 g Hirse
400 ml Gemüsebrühe
1 rote Zwiebel
1 Gurke
10 Kirschtomaten
100 g Rucola
½ Bund Petersilie
200 g Schafskäse
Saft von 2 Limetten
6 El Olivenöl
Salz
Pfeffer

ZUBEREITUNG

Die Hirse in einem Sieb unter fließend heißem Wasser waschen. Mit der Gemüsebrühe in einen Topf geben und aufkochen. Bei kleiner Hitze 7–10 Minuten köcheln lassen, dabei gelegentlich umrühren. Vom Herd ziehen und 5 Minuten ausquellen lassen.

Inzwischen die Zwiebel schälen und in feine Ringe schneiden. Die Gurke schälen, nach Belieben entkernen und klein würfeln. Die Tomaten waschen, putzen und vierteln. Rucola und Petersilie waschen und trocken schütteln. Den Rucola putzen und grob zerkleinern. Die Petersilienblättchen abzupfen und klein hacken. Den Schafskäse zerbröckeln. Alles unter die Hirse mischen.

Den Limettensaft und das Olivenöl unterrühren und den Salat mit Salz und Pfeffer abschmecken. Am besten schmeckt er, wenn er mindestens 30 Minuten durchgezogen ist.

GERSTENSALAT
mit Birne und Ziegenfrischkäse

FÜR 4 PORTIONEN

Zubereitungszeit: ca. 30 Minuten
(plus Koch- und Garzeit)
Pro Portion ca. 847 kcal/3549 kJ
26 g E, 47 g F, 79 g KH

ZUTATEN

360 g Gerste (geschält)

Salz

3 Birnen

Pfeffer

½ Tl Koriandersamen

1 Msp. Zimt

6 El Bratöl

1 Orange

150 g Babyspinat

½ Bund glatte Petersilie

50 g Pinienkerne

50 g Parmesan

1 Zitrone

250 g Ziegenfrischkäse

ZUBEREITUNG

Die Gerste in ausreichend kochendem Salzwasser etwa 25 Minuten kochen. Abgießen, abspülen und abtropfen lassen, dann in eine Salatschüssel füllen. Den Backofen auf 200 °C vorheizen. Ein Backblech mit Backpapier auslegen.

Die Birnen waschen, trocknen, vierteln und die Kerngehäuse entfernen. Die Spalten in eine Schüssel geben, salzen und pfeffern. Koriandersamen im Mörser zerstoßen und mit dem Zimt über die Birnenspalten geben. Das Bratöl hinzugeben und alles vermengen. Die Birnenspalten in einer Grillpfanne von jeder Seite rund 1 Minute grillen. Dann auf ein Backblech geben. Die Orange auspressen, die Birnen mit dem Saft beträufeln und für 20 Minuten im Ofen garen.

Spinat und Petersilie waschen, putzen und trocken schleudern. Die Spinat- und Petersilienblätter ungehackt zur Gerste geben. Die Pinienkerne in einer Pfanne ohne Fett goldbraun rösten. Den Parmesan in breite Streifen hobeln. Die Zitrone auspressen und mit dem Olivenöl mixen. Zum Salat geben und alles mit Salz und Pfeffer abschmecken.

Den Gerstensalat auf Tellern verteilen. Die Birnenspalten darauf arrangieren. Die Parmesanspäne und den Ziegenfrischkäse in Nocken darauf verteilen und mit Pinienkernen bestreut servieren.

HIRSE-TABOULÉ
mit Datteln

FÜR 4 PORTIONEN

Zubereitungszeit: ca. 45 Minuten
(plus Zeit zum Ziehen)
Pro Portion ca. 790 kcal/3308 kJ
19 g E, 27 g F, 116 g KH

ZUTATEN

300 g Hirse
600 ml Gemüsebrühe
1 Bund Petersilie
½ Bund Minze
2 rote Paprikaschoten
2 Tomaten
1 Salatgurke
1 rote Zwiebel
2 getrocknete Datteln
8 El Olivenöl
2–3 El Zitronensaft
1 Msp. Kreuzkümmel
1 Msp. Kurkuma
4 El Naturjoghurt

ZUBEREITUNG

Die Hirse in einem feinen Sieb waschen und abtropfen lassen. In einem Topf mit der Gemüsebrühe aufkochen und unter gelegentlichem Rühren ca. 7 Minuten köcheln lassen, dann den Herd ausstellen und die Hirse auf der warmen Platte und mit geschlossenem Deckel ausquellen lassen.

Petersilie und Minze waschen, trocken schütteln, die Blätter von den Stielen zupfen und fein hacken. Die Paprikaschoten und die Tomaten waschen und putzen. Die Salatgurke waschen und entkernen, die Zwiebel schälen. Alles in feine Würfel schneiden. Die Datteln in feine Streifen schneiden. Alles zusammen mit der Hirse vermengen.

Für die Salatsauce Olivenöl, Zitronensaft und die Gewürze verquirlen. Die Sauce über die Hirse-Gemüse-Mischung geben und alles gut vermengen. Ca. 1 Stunde abgedeckt ziehen lassen. Das Taboulé auf 4 Schüsseln verteilen und mit je 1 Klecks Joghurt servieren.

HIRSEKÜCHLEIN
mit Tomatenchutney

FÜR 4 PORTIONEN

Zubereitungszeit: ca. 45 Minuten
(plus Garzeit und Zeit zum Quellen)
Pro Portion ca. 244 kcal/1022 kJ
6 g E, 6 g F, 37 g KH

ZUTATEN

Für die Küchlein:

1 Knoblauchzehe, 1 Zwiebel

1 Stück Ingwer (ca. 4 cm lang)

4 El Olivenöl, 300 g Hirse

600 ml heiße Gemüsebrühe

200 g Möhren

30 g Semmelbrösel, evtl. etwas mehr

2 El frisch gehackte Petersilie

2 Tl Schnittlauchröllchen

4 El Tomatenmark

Salz

Öl für die Grillplatte

Für das Chutney:

1 Stück Ingwer (ca. 2 cm lang)

4 Tomaten

1 El Olivenöl

1 Tl Kreuzkümmel

1 Tl Kurkuma, 1 El Curry

Salz, Pfeffer

40 g brauner Zucker

ZUBEREITUNG

Für die Küchlein Knoblauch, Zwiebel und Ingwer schälen und fein würfeln. 1 Esslöffel Öl in einer Pfanne erhitzen und die Zwiebel darin glasig dünsten. Dann Ingwer und Knoblauch zufügen und kurz mitdünsten.

Die Hirse in einem Sieb mit heißem Wasser waschen, zu den Zutaten in die Pfanne geben und ca. 5 Minuten mitdünsten. Die Gemüsebrühe dazugeben und alles ca. 15 Minuten zugedeckt köcheln lassen. Die Möhren putzen, schälen und fein raspeln. Nach ca. 10 Minuten zur Hirsemasse geben. Die Mischung noch 20 Minuten nachquellen lassen.

Für das Chutney den Ingwer schälen und fein reiben. Die Tomaten waschen, Stielansätze herausschneiden und das Fruchtfleisch würfeln. Das Öl in einem Topf erhitzen. Zuerst den Kreuzkümmel, dann Ingwer, Tomaten, Kurkuma, Curry, Salz und Pfeffer einrühren. Abgedeckt bei mittlerer Hitze 4–5 Minuten kochen. Zum Schluss den Zucker zugeben und weitere 5 Minuten offen einkochen lassen.

In die Hirsemasse Semmelbrösel, Kräuter und Tomatenmark mischen, mit Salz und Pfeffer abschmecken. Wenn der Teig noch nicht zusammenhält, mit etwas mehr Semmelbröseln binden. Mit angefeuchteten Händen 20 Bratlinge formen, auf beiden Seiten dünn mit dem restlichen Öl bestreichen und von beiden Seiten in der geölten Grillpfanne jeweils 3–4 Minuten grillen. Das Tomatenchutney zu den Küchlein servieren.

GERSTENRISOTTO
mit Brokkoli und Kürbisspalten

FÜR 4 PORTIONEN

Zubereitungszeit: ca. 1 Stunde 10 Minuten

Pro Portion ca. 231 kcal/972 kJ

15 g E, 12 g F, 17 g KH

ZUTATEN

1,2 l Gemüsebrühe

2 Schalotten

1 El Butter

200 g Gerste

1 kleiner Butternusskürbis (ca. 1 kg)

1 El Olivenöl

Salz

Pfeffer

4 Knoblauchzehen

3 Zweige Rosmarin

1 Brokkoli

2 El Zitronensaft

80 g Parmesan

Muskatnuss

Außerdem:

Crème fraîche zum Servieren

ZUBEREITUNG

Den Ofen auf 180 °C vorheizen, ein Backblech mit Backpapier auslegen. Die Gemüsebrühe aufkochen. Die Schalotten schälen und hacken. Die Butter in einem Topf zerlassen und die Schalotten darin andünsten. Die Gerste und 450 ml Brühe hinzufügen und alles im offenen Topf ca. 10 Minuten köcheln lassen, bis die Gerste vorgegart ist.

In der Zwischenzeit den Butternusskürbis schälen, halbieren, die Kerne entfernen und das Kürbisfleisch in ca. 1 cm dicke Scheiben schneiden. Die Scheiben in einer Schüssel mit dem Olivenöl mischen und auf dem Backblech verteilen. Salzen, pfeffern und ca. 50 Minuten backen. Nach 30 Minuten Backzeit die Knoblauchzehen schälen und in Scheiben schneiden. Rosmarin waschen und trocken tupfen. Zwischen den Kürbisspalten verteilen.

Die kochend heiße Brühe nun schöpfkellenweise zur Gerste geben. Die nächste Schöpfkelle immer dann hinzugeben, wenn die vorangegangene aufgesogen ist. Dieser Vorgang dauert ca. 50 Minuten.

Den Brokkoli waschen, in Röschen teilen, den Stiel schälen und würfeln. Mit der zweitletzten Schöpfkelle den Brokkoli zur Gerste geben und darin mitgaren. Den Zitronensaft unterrühren, dann den Parmesan im Risotto zerlassen. Alles mit Salz und Pfeffer abschmecken.

Das Risotto mit den Kürbisspalten auf Tellern anrichten und mit 1 Klecks Crème fraîche servieren.

HIRSE-ZUCCHINI-AUFLAUF
mit Pinienkernen

FÜR 4 PORTIONEN

Zubereitungszeit: ca. 30 Minuten
(plus Garzeit)
Pro Portion ca. 650 kcal/2721 kJ
27 g E, 40 g F, 56 g KH

ZUTATEN

200 g Hirse

700 ml Gemüsebrühe

1 Knoblauchzehe

1 Zwiebel

2 große Tomaten

3 Zucchini

4 Stängel Thymian

2 El Olivenöl

Salz

Pfeffer

3 Eier

250 g Ricotta

150 ml Sahne

1 Kugel Mozzarella

3 El Pinienkerne

ZUBEREITUNG

Die Hirse in einem Sieb unter fließend heißem Wasser waschen. Mit der Gemüsebrühe in einen Topf geben und aufkochen. Bei kleiner Hitze 7–10 Minuten köcheln lassen, dabei gelegentlich umrühren. Vom Herd ziehen und 5 Minuten ausquellen lassen.

Die Knoblauchzehe und die Zwiebel schälen und fein hacken. Die Tomaten waschen und in dünne Scheiben schneiden. Die Zucchini waschen, putzen und in dünne Scheiben hobeln. Den Thymian waschen, trocken schütteln und die Blättchen abzupfen.

Das Öl in einer Pfanne erhitzen und den Knoblauch und die Zwiebel kurz anschwitzen. Die Zucchini zugeben und kurz anbraten. Mit Salz und Pfeffer würzen. Den Backofen auf 200 °C vorheizen.

Die Eier verquirlen, Ricotta, Sahne und Thymian zugeben und alles gut vermischen. Mit Salz und Pfeffer würzen. Den Mozzarella abtropfen lassen und grob in Stück reißen. Die Hirse mit der Eiermasse vermischen und in eine ofenfeste Auflaufform füllen. Die Zucchini darauflegen und mit Tomatenscheiben belegen. Den Mozzarella darüber verteilen und die Pinienkerne darüberstreuen. Den Auflauf im Backofen auf der mittleren Schiene ca. 25 Minuten backen.

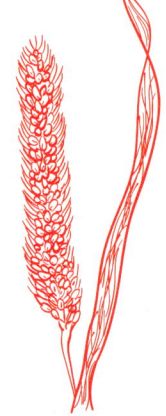

GEFÜLLTE PAPRIKA

FÜR 4 PORTIONEN

Zubereitungszeit: ca. 1 Stunde
(plus Garzeit)

Pro Portion ca. 583 kcal/2440 kJ

14 g E, 39 g F, 44 g KH

ZUTATEN

Für die gefüllten Paprika:

125 g Perlgraupen

600 ml Gemüsebrühe

3 Frühlingszwiebeln

120 g Kräuterseitlinge

2 Tomaten

1 Knoblauchzehe

Salz, Pfeffer

4 rote Paprikaschoten

100 ml Sahne, 200 g Crème fraîche

1 El Tomatenmark, 1 Tl Paprikapulver

Für das Zucchinigemüse:

1 El Rosinen, 2 El Pinienkerne

2 Zucchini

3 Schalotten

3 Knoblauchzehen

4 El Olivenöl, 1 El Kapern

Salz, Pfeffer

1 Hand voll Basilikumblätter

Außerdem:

Butter für die Form

ZUBEREITUNG

Die Graupen in der Gemüsebrühe ca. 20 Minuten garen. In ein Sieb abgießen und die Brühe auffangen. Den Backofen auf 180 °C vorheizen. Die Perlgraupen in eine Schüssel füllen.

Frühlingszwiebeln waschen, trocknen, putzen und in Ringe schneiden. Kräuterseitlinge feucht abreiben, putzen und würfeln. Tomaten waschen, putzen, entkernen und würfeln. Knoblauch schälen und fein hacken. Alles zu den Graupen geben und die Mischung mit Salz und Pfeffer würzen.

Die Paprikaschoten längs halbieren, putzen, waschen und trocken tupfen. Eine große Auflaufform mit Butter einfetten. Die Graupenmischung in die Paprikahälften füllen und diese in die Auflaufform setzen.

Sahne, Crème fraîche, 150 ml aufgefangene Gemüsebrühe, Tomatenmark und Paprika miteinander verquirlen. Salzen, pfeffern und über die Paprikahälften gießen. Ca. 40 Minuten auf der unteren Schiene garen.

Rosinen in lauwarmen Wasser 10 Minuten einweichen. Die Pinienkerne goldbraun rösten, dann beiseitestellen. Die Zucchini waschen, trocknen, putzen und würfeln. Die Schalotten und den Knoblauch schälen und hacken.

1 Esslöffel Olivenöl erhitzen und Zucchiniwürfel darin anbraten. Aus der Pfanne nehmen. 1 Esslöffel Olivenöl in die Pfanne geben und Schalotten mit Knoblauch darin goldbraun frittieren. Aus der Pfanne nehmen. Das restliche Olivenöl in die Pfanne geben und die Zucchini darin goldbraun braten. Die frittierte Schalotten-Knoblauch-Mischung, die Kapern, die abgetropften Rosinen, die Pinienkerne und die Hälfte der Basilikumblätter hinzugeben und alles verrühren. Die Paprikahälften mit dem Zucchinigemüse anrichten. Mit den restlichen Basilikumblättchen bestreut servieren.

HIRSE-AUFLAUF

mit roten Linsen und Brokkoli

FÜR 4 PORTIONEN

Zubereitungszeit: ca. 30 Minuten
(plus Backzeit)

Pro Portion ca. 667 kcal/2792 kJ

29 g E, 35 g F, 59 g KH

ZUTATEN

250 g Hirse

350 ml Gemüsebrühe

50 g rote Linsen

1 kleiner Brokkoli

Salz

2 Knoblauchzehen

1 Zwiebel

3 El Olivenöl

2 Tl Harissa-Paste

3 Zweige Minze

½ Bund Petersilie

1 Handvoll schwarze Oliven

150 g saure Sahne

3 Eier

2 Tl Ras es Hanout

Pfeffer

150 g Schafskäse

2 El gemischte Kerne und Samen (z. B. Sesamsamen, Sonnenblumen- oder Kürbiskerne)

Außerdem:

Öl für die Form

ZUBEREITUNG

Die Hirse mit der Gemüsebrühe in einen Topf geben, aufkochen und bei mittlerer Hitze ca. 15 Minuten gar kochen. Nach 5 Minuten Kochzeit die Linsen hinzugeben. Die Hirse-Linsen-Mischung in eine Schüssel umfüllen. Den Backofen auf 180 °C vorheizen. Eine Auflaufform einfetten.

Den Brokkoli waschen, in Röschen teilen, den Stiel schälen und würfeln. Ca. 7 Minuten in kochendem Salzwasser kochen, dann in ein Sieb abgießen, sofort abschrecken und dann abtropfen lassen.

Knoblauch und Zwiebel schälen und hacken. 1 Esslöffel Öl erhitzen und beides darin andünsten. Dann mit der Harissa-Paste zur Hirsemischung geben. Minze und Petersilie waschen, trocken schütteln und die Blättchen hacken. Zusammen mit dem Brokkoli und den Oliven unter die Hirsemischung heben.

Die saure Sahne mit Eiern, Ras el Hanout und Pfeffer verquirlen. Alles unter die Hirsemischung heben. Die Mischung in die Auflaufform füllen und den Schafskäse darüberbröckeln. Samen und Kerne darüberstreuen. Mit dem restlichen Olivenöl beträufeln und den Auflauf ca. 30 Minuten backen.

HIRSE-VANILLE-CREME
mit zimtigem Kirschkompott

FÜR 4 PORTIONEN

Zubereitungszeit: ca. 15 Minuten

(plus Kochzeit, Zeit zum Abkühlen und Kühlzeit)

Pro Portion ca. 471 kcal/1972 kJ

10 g E, 18 g F, 66 g KH

ZUTATEN

Für die Hirse-Vanille-Creme:

150 g Hirse

1 Vanilleschote

450 ml Milch

1 Prise Salz

5 El Agavendicksaft

150 ml Sahne

Für das Kirschkompott:

400 g Kirschen (TK)

Saft von 1 Orange

½ Tl Zimt

4 El Agavendicksaft

ZUBEREITUNG

Die Hirse in ein Sieb geben und unter fließendem Wasser abspülen, dann abtropfen lassen. Anschließend in einen Topf geben. Die Vanilleschote längst aufschneiden, das Mark herausschaben. Schote und Mark zur Hirse geben. Die Milch hinzugeben, dann das Salz und den Agavendicksaft. Alles aufkochen und bei milder Hitze und geschlossenem Topf ca. 20 Minuten köcheln lassen, dabei immer wieder mal umrühren. Die Hirse abkühlen lassen, dann ca. 1 Stunde kühl stellen.

Für das Kirschkompott die Kirschen mit dem Orangensaft, dem Zimt und dem Agavendicksaft in einen Topf geben und alles aufkochen. Bei offenem Topf so lange köcheln lassen, bis der ausgetretene Kirschsaft zur Hälfte eingekocht ist.

Die Sahne steif schlagen und unter die Hirse heben. Die Hälfte der Kirschen auf Gläser verteilen, dann die Hirsecreme darauf verteilen und anschließend die restlichen Kirschen darübergeben.

BRITISCHE FLAPJACKS

FÜR 16 STÜCK

Zubereitungszeit: ca. 25 Minuten

(plus Backzeit und Zeit zum Abkühlen)

Pro Stück ca. 149 kcal/622 kJ

2 g E, 8 g F, 18 g KH

ZUTATEN

125 g Butter

100 g Rohrohrzucker

50 g heller Sirup

1 Prise Salz

250 g kernige Haferflocken

ZUBEREITUNG

Den Backofen auf 190 °C vorheizen. Eine quadratische Backform von 20 cm Seitenlänge mit Backpapier auslegen.

Die Butter in einen großen Topf geben und bei niedriger Temperatur schmelzen lassen. Zucker, Sirup und Salz dazugeben und alles unter Rühren einmal aufkochen lassen. Bei sehr niedriger Temperatur etwa 1 Minute sanft köcheln lassen.

Von der Hitze nehmen, die Haferflocken unterrühren und die Masse gleichmäßig in die Form streichen. Die Backform in den vorgeheizten Ofen schieben und die Müslimasse etwa 20 Minuten backen, bis die Oberfläche goldbraun ist.

Die Form aus dem Ofen nehmen, die Masse 5 Minuten auskühlen lassen, dann mit einem scharfen Messer erst in vier Quadrate und daraus in schließlich 16 Dreiecke schneiden. (Die Riegel sind heiß noch sehr weich, lassen sich aber später dann gut an den Sollbruchstellen in Stücke brechen.)

Nach 10 Minuten aus der Form nehmen und auf einem Kuchengitter vollständig auskühlen lassen. Die Flapjacks halten sich luftdicht verpackt 3–4 Tage frisch.

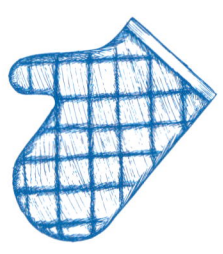

BUCHWEIZEN, BRAUNER REIS, GRÜNKERN & CO.

BUCHWEIZENSALAT
mit Mango und Chili

FÜR 4 PORTIONEN

Zubereitungszeit: ca. 30 Minuten

Pro Portion ca. 319 kcal/1334 kJ

5 g E, g 14 F, 42 g KH

ZUTATEN

125 g Buchweizen

Salz

2 Mangos

2 Schalotten

1 Bund Minze

1 Bund Koriander

1 Bund Rucola

1 grüne Chilischote

1 rote Paprikaschote

1 Limette

3 El weißer Aceto balsamico

1 Tl Honig

5 El Olivenöl

Pfeffer

ZUBEREITUNG

Den Buchweizen in ein Sieb geben und abspülen. Anschließend in viel leicht gesalzenem Wasser in einen Topf geben, aufkochen und ca. 25 Minuten köcheln lassen. In ein Sieb geben, abtropfen und auskühlen lassen.

In der Zwischenzeit die Mangos schälen, das Fruchtfleisch vom Stein schneiden und würfeln. Die Schalotten schälen und hacken. Die Kräuter und den Rucola waschen und trocken schleudern. Kräuterblättchen abzupfen und hacken, den Rucola putzen und in mundgerechte Stücke teilen. Alles in eine Schüssel geben.

Die Chilischote und die Paprika putzen, waschen und trocken tupfen. Die Paprika würfeln, die Chili in ganz dünne Scheiben schneiden. Die Limette auspressen. Alles ebenfalls in die Schüssel geben und den Buchweizen unterheben.

Den Aceto balsamico mit dem Honig und dem Olivenöl verquirlen. Zum Salat geben und alles abgedeckt etwa 20 Minuten ziehen lassen. Anschließend mit Salz und Pfeffer pikant abschmecken.

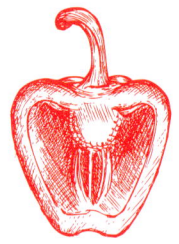

BUCHWEIZENWRAPS
mit bunter Füllung

FÜR 4 PORTIONEN

Zubereitungszeit: ca. 40 Minuten

Pro Portion ca. 490 kcal/2052 kJ

16 g E, 23 g F, 54 g KH

ZUTATEN

Für den Teig:

250 g Buchweizenmehl

1 Prise Salz, 1 TI Pfeffer

1 Prise Paprikapulver

4 TI Rapsöl zum Braten

Für die Füllung:

1–2 Handvoll Babyspinat oder Feldsalat

1 Bund glatte Petersilie

1 rote Paprikaschote

6 Champignons

1 El Olivenöl oder Rapsöl

1 Handvoll geröstete Kürbiskerne

1 Handvoll frische Sprossen nach Wahl

Für die Sauce:

50 g weißes Cashew- oder Erdnussmus

50 g Fetakäse

2 TI Zitronensaft

frisch gehackte Kräuter nach Wahl

1 Prise Kräutersalz, Pfeffer

ZUBEREITUNG

Den Backofen auf 70 °C vorheizen. Das Buchweizenmehl mit Salz, Pfeffer und Paprika in einer Schüssel vermengen. 400 ml Wasser zugeben und alles zu einem glatten Teig verquirlen.

1 Teelöffel Öl in einer beschichteten Pfanne erhitzen. Portionsweise Teig in die Pfanne geben und gleichmäßig dünn darin verteilen. Auf beiden Seiten zu einem goldgelben Pfannkuchen backen. Nacheinander Pfannkuchen backen, dabei jeweils Rapsöl in die Pfanne geben. Fertige Pfannkuchen auf einen Teller geben und im Ofen warm halten.

Für die Füllung den Spinat und die Petersilie waschen, putzen und trocken schütteln. Die Petersilienblätter abzupfen. Die Paprikaschote putzen, waschen und in dünne Streifen schneiden. Die Champignons abbürsten, putzen und in dünne Scheiben schneiden. Das Öl in einer Pfanne erhitzen und das Gemüse und die Blätter darin 1 Minuten schwenken.

Die Zutaten für die Sauce mit 70 ml Wasser cremig mixen. Die Buchweizenpfannkuchen mit Salat, Petersilie, Gemüse, Sprossen und Kürbiskernen belegen, mit Sauce garnieren und zu Wraps zusammenrollen oder -falten.

GRÜNKERNSUPPE
mit geräucherter Forelle

FÜR 4 PORTIONEN

Zubereitungszeit: ca. 15 Minuten
(plus Garzeit)
Pro Portion ca. 424 kcal/1775 kJ
17 g E, 25 g F, 28 g KH

ZUTATEN

2 kleine Zwiebeln

2 Stangen Lauch

50 g Butter

125 g Grünkernschrot

1 l Gemüsebrühe

2 Fleischtomaten

150 g Crème fraîche

Salz

Pfeffer

1 El gehackter Dill

200 g geräucherte Forelle

ZUBEREITUNG

Die Zwiebeln schälen und fein würfeln. Den Lauch putzen, längs halbieren und in Streifen schneiden. Lauch waschen und in einem Sieb abtropfen lassen.

Die Butter in einem Topf bei mittlerer Temperatur zerlassen, die Zwiebeln darin unter Rühren 5 Minuten dünsten. Lauch und Grünkernschrot zugeben und unter Rühren einige Minuten mitdünsten. Mit Gemüsebrühe ablöschen, aufkochen und offen bei mittlerer Hitze 25–30 Minuten köcheln lassen.

Die Tomaten waschen, 30 Sekunden in kochendes Wasser tauchen, abschrecken und häuten. Die Stielansätze entfernen und die Tomaten in Würfel schneiden.

Die Suppe vom Herd nehmen. Crème fraîche darunterrühren und Tomatenwürfel zugeben. Die Suppe mit Salz und Pfeffer abschmecken und den Dill einrühren. Den Topf wieder auf den Herd stellen und unter gelegentlichem Umrühren 5 Minuten erwärmen.

Forelle in kleine Stücke schneiden. Die Suppe anrichten und die Forellenstückchen hineinlegen.

REISSALAT
mit Mango und Avocado

FÜR 2 PORTIONEN

Zubereitungszeit: ca. 1 Stunde

Pro Portion ca. 560 kcal/2345 kJ

8 g E, 40 g F, 45 g KH

ZUTATEN

25 g Wildreis

25 g Naturreis

2 El Mandeln

1 kleine reife Mango

1 reife Avocado

½ kleines Bund Koriander

1 rote Zwiebel

1 kleine Chili

2 unbehandelte Limetten

4 El Rapsöl

Salz

ZUBEREITUNG

Den Wildreis in leicht gesalzenem Wasser ca. 45 Minuten garen. Den Naturreis in leicht gesalzenem Wasser ca. 30 Minuten garen. Anschließend jeweils in ein Sieb abgießen und abtropfen lassen.

In der Zwischenzeit die Mandeln in einer Pfanne ohne Fett goldbraun anrösten. Mango schälen, den Kern entfernen und das Fruchtfleisch würfeln. Avocado halbieren, vom Kern befreien und das Fruchtfleisch in Stücke schneiden. Koriander waschen, trocken schütteln, die Blättchen abzupfen und fein hacken. Zwiebel schälen und in Ringe schneiden.

Für das Dressing Chili waschen, entkernen und fein hacken. Die Schale der Limetten abreiben, dann die Früchte auspressen. Chili, Limettenschale und -saft mit Rapsöl in einen Rührbecher geben. 1 Esslöffel Mangowürfel zufügen und alles pürieren. Mit Salz abschmecken.

Reis, Mango und Avocado in Gläser schichten. Das Dressing darübergeben. Mit Mandeln, Koriander und Zwiebelringen bestreut servieren.

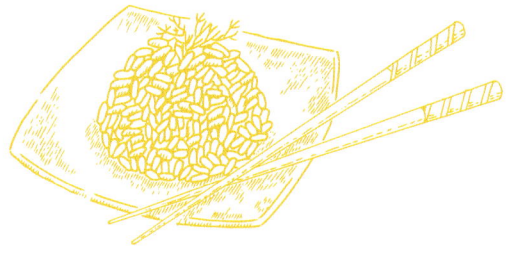

BUCHWEIZEN-PAPAYA-SALAT
mit Garnelenspieß

FÜR 4 PORTIONEN

Zubereitungszeit: ca. 40 Minuten

(plus Kochzeit)

Pro Portion ca. 504 kcal/2112 kJ

19 g E, g 39 F, 31 g KH

ZUTATEN

Für den Garnelenspieß:

300 g Garnelen (küchenfertig)

2 Knoblauchzehen

2 cm Ingwer

4 El Zitronensaft

4 El Olivenöl

Für den Salat:

125 g Buchweizen

Salz

4 Frühlingszwiebeln

1 Papaya

1 Bund Minze

1 Bund glatte Petersilie

1 Zitrone

5 El Olivenöl

Pfeffer

1 Avocado

1 rote Chilischote

1 El Bratöl

ZUBEREITUNG

Die Garnelen entdarmen, kalt abspülen, trocken tupfen und auf 4 Spieße stecken. In eine Schale legen. Knoblauch schälen und in feine Stifte schneiden. Ingwer schälen und fein hacken. Beides zu den Garnelen geben. Den Zitronensaft mit dem Olivenöl verquirlen, über die Garnelen gießen und bis zur weiteren Verwendung abgedeckt ruhen lassen.

Den Buchweizen in ein Sieb geben, kalt abspülen und dann mit ausreichend leicht gesalzenem Wasser in einem Topf etwa 25 Minuten gar kochen lassen. In ein Sieb gießen, abtropfen und abkühlen lassen.

Die Frühlingszwiebeln waschen, trocken tupfen, putzen und in Ringe schneiden. Die Papaya schälen, halbieren, die Kerne entfernen und das Fruchtfleisch würfeln. Die Kräuter waschen, trocken schleudern und die Blättchen grob hacken. Alles in einer Schale mit dem Buchweizen mischen.

Die Zitrone auspressen und mit dem Olivenöl verquirlen. Zum Salat geben und mit Salz und Pfeffer pikant abschmecken. Die Avocado halbieren, den Kern und die Schale entfernen und das Fruchtfleisch in Spalten schneiden. Vorsichtig unter den Salat heben und diesen auf 4 Tellern anrichten.

Die Chilischote putzen, waschen und hacken. Die Garnelenspieße aus der Marinade nehmen, trocken tupfen, salzen und pfeffern. Mit der Chilischote im heißen Bratöl von beiden Seiten ca. 3 Minuten braten, bis sich die Garnelen rötlich verfärbt haben. Die Spieße auf den Salaten anrichten und sofort servieren.

GRÜNKERNRISOTTO
mit Sauerampfer

FÜR 4 PORTIONEN

Zubereitungszeit: ca. 20 Minuten
(plus Garzeit)
Pro Portion ca. 417 kcal/1746 kJ
20 g E, 20 g F, 38 g KH

ZUTATEN

1 mittelgroße Zwiebel

1 Knoblauchzehe

100 g Möhre

100 g Petersilienwurzel

100 g Lauch

3 El kalte Butter

200 g Grünkern

600 ml klare Gemüsebrühe

130 g Parmesan

1 Bund Sauerampfer

Salz

Pfeffer

ZUBEREITUNG

Die Zwiebel schälen, halbieren und fein würfeln. Den Knoblauch schälen und fein hacken. Die Möhre und die Petersilienwurzel schälen und in feine Würfel schneiden. Den Lauch der Länge nach halbieren, gründlich waschen und in feine Streifen schneiden.

In einem großen Topf 1 Esslöffel Butter zerlassen, Zwiebel und Knoblauch darin glasig andünsten. Den Grünkern zugeben und die Gemüsebrühe angießen. Aufkochen, die Hitzezufuhr reduzieren und zugedeckt etwa 1 Stunde sanft köcheln lassen, bis der Grünkern weich ist. Nach 50 Minuten das fein geschnittene Gemüse dazugeben und fertiggaren.

80 g Parmesan reiben, zum Risotto geben und unterrühren. Die restliche Butter in Würfel schneiden, in das Risotto geben und kräftig rühren, sodass eine cremige Konsistenz entsteht. Mit etwas Salz und Pfeffer würzen. Den Sauerampfer waschen, trocken schleudern, putzen und die großen Blätter halbieren. Die Blätter in das Risotto geben und vorsichtig untermengen. In tiefen Tellern anrichten, den restlichen Parmesan hobeln, darüberstreuen und servieren.

BUCHWEIZEN
mit Backofengemüse

FÜR 4 PORTIONEN

Zubereitungszeit: ca. 30 Minuten

(plus Backzeit)

Pro Portion ca. 480 kcal/2010 kJ

9 g E, 27 g F, 51 g KH

ZUTATEN

1 rote Zwiebel

1 Knoblauchzehe

2 Zucchini

1 Aubergine

1 gelbe Paprikaschote

10 El Olivenöl

Salz

Pfeffer

250 g Buchweizen

4 Stängel Basilikum

3 El Aceto balsamico

ZUBEREITUNG

Den Backofen auf 200 °C vorheizen. Zwei Backbleche mit Backpapier auslegen. Zwiebel und Knoblauch schälen. Die Zwiebel in Ringe und den Knoblauch in Scheiben schneiden. Zucchini, Aubergine und Paprika waschen und putzen. Die Aubergine halbieren und mit der Zucchini in Scheiben schneiden. Die Paprika in Streifen schneiden. Alles auf das Backpapier legen und mit 4 Esslöffeln Olivenöl beträufeln. Mit Salz und Pfeffer würzen. Im Backofen auf der mittleren Schiene 20–25 Minuten rösten.

Inzwischen den Buchweizen in einem Sieb unter fließend kaltem Wasser waschen. In einem Topf 500 ml Salzwasser zum Kochen bringen. Den Buchweizen zugeben und bei kleiner Hitze ca. 20 Minuten köcheln lassen. Eventuell nicht verkochtes Wasser danach abgießen.

Das Basilikum waschen, trocken schütteln und die Blätter abzupfen. Das Gemüse aus dem Ofen holen und mit dem Buchweizen mischen. Restliches Öl und Essig unterrühren und mit Salz und Pfeffer abschmecken. Das Basilikum untermischen und den Buchweizensalat auf Teller verteilen.

VEGGIE-BURGER
mit Kräuterdip

FÜR 4 PORTIONEN

Zubereitungszeit: ca. 35 Minuten

Pro Portion ca. 630 kcal/2638 kJ

29 g E, 32 g F, 95 g KH

ZUTATEN

Für die Buns:

4 Roggenbrötchen

Für die Pattys:

1 El Öl, 1 fein gewürfelte Zwiebel

150 g Grünkernschrot

300 ml Gemüsebrühe zum Quellen

1 Karotte

2 El gehackte Petersilie, 1–2 Eier

Salz, Pfeffer

Für die Toppings:

4 große Blätter Kopfsalat

2 Tomaten, ½ Bund Radieschen

1 rote Zwiebel, 4 El Ketchup (FP)

Für den Dip:

200 g Doppelrahmfrischkäse

100 g Sahnequark

4 El gehackte Kräuter

1 El Zitronensaft

Salz, Pfeffer

ZUBEREITUNG

Das Öl in einer Pfanne erhitzen und die Zwiebel darin glasig dünsten. Grünkern und Gemüsebrühe zugeben. Grünkernschrot etwa 10 Minuten quellen, dann abkühlen lassen. Währenddessen die Karotte putzen, schälen und fein raspeln. Karotte, Petersilie und 1 Ei zur abgekühlten Grünkernmischung geben und gut einarbeiten. Ist der Teig zu trocken, etwas Wasser oder 1 zusätzliches Ei unterkneten. Den Teig mit den Gewürzen nach Belieben abschmecken.

Mit feuchten Händen aus dem Teig 4 Pattys formen und von jeder Seite etwa 6 Minuten vorsichtig grillen.

Für die Toppings die Salatblätter waschen und trocken schütteln. Die Tomaten und die Radieschen waschen, putzen und in Scheiben schneiden. Die Zwiebel abziehen und ebenfalls in Scheiben schneiden.

Die unteren Brötchenhälften mit Ketchup bestreichen und die Salatblätter darauf verteilen. Die Pattys auflegen und Tomaten-, Radieschen- und Zwiebelscheiben darauf arrangieren. Die oberen Brötchenhälften auflegen und mit je 1 Holzspieß fixieren.

Für den Dip den Frischkäse mit Quark und Kräutern gut verrühren, dann mit Zitronensaft, Salz und Pfeffer abschmecken.

GRÜNKERNKROKETTEN
mit Rote-Bete-Tsatsiki

FÜR 4 PORTIONEN

Zubereitungszeit: ca. 35 Minuten

(plus Kühlzeit, Zeit zum Abkühlen und Garzeit)

Pro Portion ca. 429 kcal/1796 kJ

12 g E, 21 g F, 51 g KH

ZUTATEN

Für den Tsatsiki:

1 große gegarte Rote-Bete-Knolle

2 Knoblauchzehen

1 Schuss Rotweinessig

½ Bund Dill, 2 El Olivenöl

250 g Sojajoghurt, Salz

Für die Kroketten:

1 Zwiebel, 2 Knoblauchzehen

3 El Rapsöl

130 g Grünkernschrot

225 ml Gemüsebrühe

1 El Paprikapulver

1 Tl gerebelter Thymian

1 Tl gerebelter Oregano

1 El Sojamehl

50–60 g Semmelbrösel

2 El Mehl

Salz, Pfeffer

Öl für Rost oder Pfanne

ZUBEREITUNG

Für den Tsatsiki die Rote Bete grob reiben (Küchenhandschuhe tragen!). Die Knoblauchzehen abziehen und durch eine Presse dazudrücken. Den Rotweinessig dazugeben. Den Dill waschen, trocken schütteln und hacken. Mit Olivenöl zu der Rote-Bete-Mischung geben und alles vermengen. Den Sojajoghurt untermengen und den Tsatsiki mit Salz abschmecken. Etwa 1 Stunde im Kühlschrank durchziehen lassen.

Für die Grünkern-Kroketten Zwiebel und Knoblauch abziehen und sehr fein hacken. Das Öl in einem Topf erhitzen und beides darin anschwitzen. Grünkernschrot dazugeben und unter gelegentlichem Rühren etwa 5 Minuten andünsten. Mit der Gemüsebrühe ablöschen. Paprikapulver und Kräuter unterrühren, aufkochen und bei schwacher Hitze zugedeckt 5 Minuten quellen lassen. Dann etwas abkühlen lassen.

Sojamehl, 2 Esslöffel Wasser, Semmelbrösel und Mehl unter die abgekühlte Grünkernmasse mengen. Mit Salz und Pfeffer abschmecken. Aus der Masse mit leicht eingeölten Händen kleine Kroketten formen. Die Röllchen auf einen gefetteten Rost legen und 10–15 Minuten von allen Seiten grillen. Alternativ in der Grillpfanne auf dem Herd braten. Die Kroketten mit dem Rote-Bete-Tsatsiki servieren.

Die Sobanudeln eignen sich gut zum Mitnehmen und sind im Sommer auch kalt ein Genuss.

SOBANUDELN
mit Grünkohl und Paprika

FÜR 4 PORTIONEN

Zubereitungszeit: ca. 25 Minuten

Pro Portion ca. 590 kcal/2470 kJ

23 g E, 18 g F, 82 g KH

ZUTATEN

4 El Sesamsamen

1 Knoblauchzehe

1 Zwiebel

1 walnussgroßes Stück Ingwer

600 g Grünkohl

1 gelbe Paprikaschote

1 Orange

4 El Sesamöl

400 g Sobanudeln (japanische Buchweizen-Spaghetti)

2 El frisch gepresster Zitronensaft

2 El Sojasauce

1 El Sesampaste (Tahin)

ZUBEREITUNG

Die Sesamsamen vorsichtig in einer Pfanne ohne Fett anrösten und beiseitestellen. Die Knoblauchzehe und die Zwiebel schälen und fein hacken. Den Ingwer schälen und fein reiben. Den Grünkohl putzen, waschen und in Streifen schneiden. Die Paprika putzen, waschen und ebenfalls in Streifen schneiden. Die Orange auspressen.

In einem großen Topf 2 Esslöffel Sesamöl erhitzen und den Knoblauch und die Zwiebel darin glasig anschwitzen. Den Ingwer und die Paprika zugeben und kurz anbraten. Den Grünkohl hinzufügen und den Orangensaft dazugießen. Alles bei mittlerer Hitze 8–10 Minuten dünsten, das Gemüse soll noch knackig sein. Nach Bedarf noch etwas Wasser zugeben, damit das Gemüse nicht ansetzt.

Inzwischen die Sobanudeln in reichlich kochendem Salzwasser nach Packungsanleitung bissfest kochen, abtropfen lassen und abschrecken. Für das Dressing das restliche Sesamöl, den Zitronensaft und die Sojasauce mit der Sesampaste verrühren. Die Sobanudeln und das Dressing zum Gemüse geben und alles gut vermischen. Auf Teller anrichten und mit Sesam bestreut servieren.

EINKORN-TOMATEN-SALAT
mit gebackenem Schafskäse

FÜR 4 PORTIONEN

Zubereitungszeit: ca. 25 Minuten
(plus Koch- und Backzeit)
Pro Portion ca. 471 kcal/1973 kJ
22 g E, 38 g F, 9 g KH

ZUTATEN

175 g Einkorn

Salz

200 g Feta

1 Ei

8 El gehackte Haselnüsse

1 rote Zwiebel

1 Bund glatte Petersilie

1 Bund Basilikum

150 g Kirschtomaten

1 Knoblauchzehe

1 Zitrone

4 El Olivenöl

Pfeffer

1 Orange

ZUBEREITUNG

Den Einkorn in ein Sieb geben und kalt abspülen. Dann mit ausreichend Wasser (Einkorn sollte immer erst nach dem Garen gesalzen werden!) in einen Topf geben. Aufkochen und etwa 50 Minuten gar kochen lassen. In ein Sieb gießen, abtropfen und abkühlen lassen. In eine Schüssel umfüllen und salzen.

Den Backofen auf 180 °C vorheizen. Ein Backblech mit Backpapier auslegen. Den Feta in 8 Streifen schneiden. Das Ei verquirlen. Die Haselnüsse auf einen Teller geben. Den Feta erst im Ei wenden, dann in den gehackten Haselnüssen. Auf dem Backblech verteilen und auf der mittleren Schiene ca. 20 Minuten backen.

Die Zwiebel schälen, halbieren und in ganz schmale Streifen schneiden. Mit dem Einkorn vermengen. Die Kräuter waschen, trocken schleudern und die Blättchen hacken. Die Tomaten waschen, trocknen, putzen und halbieren. Mit den Kräutern unter den Salat haben.

Die Knoblauchzehen schälen und hacken. Die Zitrone auspressen. Zitronensaft, gehackten Knoblauch und Olivenöl verquirlen. Unter den Salat heben und alles mit Salz und Pfeffer abschmecken.

Die Orange filetieren. Den Salat auf Tellern anrichten. Die Orangenfilets und den gebackenen Ziegenkäse darauf verteilen.

EINKORN-CHILI
mit Koriander und Crème fraîche

FÜR 4 PORTIONEN

Zubereitungszeit: ca. 30 Minuten
(plus Garzeit)

Pro Portion ca. 320 kcal/1342 kJ

18 g E, 18 g F, 21 g KH

ZUTATEN

2 rote Chilischoten

2 rote Paprikaschoten

2 Zwiebeln

3 Knoblauchzehen

2 El Olivenöl

1 Dose geschälte Tomaten (400 g)

250 ml passierte Tomaten

2 Tl Kreuzkümmelpulver

2 Lorbeerblätter

Salz

½ Tl Zucker

150 g Einkorn

1 Dose rote Bohnen

1 Bund Koriander

150 g Crème fraîche

ZUBEREITUNG

Die Chilischoten putzen, waschen und hacken. Die Paprikaschoten putzen, waschen und in Würfel schneiden. Zwiebeln und Knoblauchzehen schälen und hacken.

Das Olivenöl in einem Topf erhitzen und alles darin andünsten. Die geschälten und passierten Tomaten hinzugeben und das Kreuzkümmelpulver mit den Lorbeerblättern unterrühren. Alles leicht salzen, den Zucker hinzugeben und etwa 50 Minuten bei geschlossenem Deckel sanft köcheln lassen, dabei ab und an umrühren.

Den Einkorn in ein Sieb geben und abspülen. Dann mit ausreichend Wasser ca. 50 Minuten gar kochen (Einkorn sollte erst gegart gesalzen werden!). 15 Minuten vor Ende der Garzeit die roten Bohnen in ein Sieb geben und kalt abspülen. Zur Tomaten-Mischung geben.

Den Koriander waschen, trocken schleudern und die Blättchen abzupfen. Den Einkorn in ein Sieb schütten, abtropfen lassen und dann zur Tomatenmischung rühren. Alles noch mal mit Salz und Pfeffer abschmecken, dann auf Tellern verteilen. Mit Korianderblättchen bestreuen und mit 1 Klecks Crème fraîche servieren.

KÄSEKÜCHLEIN
mit Erdbeeren

FÜR 10 STÜCK (10 CM Ø)

Zubereitungszeit: ca. 29 Minuten

(plus Kühlzeit, Backzeit und Zeit zum Abkühlen)

Pro Stück ca. 360 kcal/1507 kJ

10 g E, 23 g F, 29 g KH

ZUTATEN

Für den Teig:

150 g Emmervollkornmehl

75 g gemahlene Mandeln

80 g Rohrohrzucker, 1 Prise Salz

120 g kalte Butter

1 Ei (Größe M)

Für den Belag:

1 Ei (Größe M), 1 Prise Salz

60 g Kokosblütenzucker

200 g Frischkäse

150 g Magerquark

2 El Maisstärke

400 g Erdbeeren

2 El ungesalzene Pistazien

Außerdem:

Mehl für die Arbeitsplatte

Hülsenfrüchte zum Blindbacken

Butter für die Förmchen

ZUBEREITUNG

Das Mehl mit Mandeln, Rohrohrzucker und Salz mischen. Die Butter in Stückchen schneiden und dazugeben. Mit dem Ei zu einem glatten Teig verkneten. In Frischhaltefolie gewickelt 1 Stunde kühl stellen.

Zehn Tarteletteförmchen (10 cm Ø) mit Butter ausfetten. Den Teig in 10 gleich große Stücke teilen und diese auf einer bemehlten Arbeitsfläche ausrollen. Die Förmchen damit auskleiden, den Rand dabei andrücken. Mit einer Gabel den Boden mehrmals einstechen. Die Förmchen mit Backpapier auslegen, mit Hülsenfrüchten beschweren und weitere 30 Minuten kühl stellen.

Den Backofen auf 160 °C vorheizen. Die Küchlein 20–25 Minuten auf der mittleren Schiene blind backen. Herausnehmen, Backpapier und Hülsenfrüchte entfernen und auskühlen lassen.

Für die Creme das Ei trennen. Das Eiweiß mit dem Salz steif schlagen. Das Eigelb mit dem Zucker, dem Frischkäse und dem Quark cremig rühren. Die Maisstärke unterrühren. Die Creme auf dem Teig verteilen und die Küchlein im Backofen auf der mittleren Schiene 20–25 Minuten backen. Herausnehmen und auskühlen lassen.

Die Erdbeeren waschen, putzen und in Scheiben schneiden. Die Pistazien grob hacken. Die Törtchen fächerartig mit den Erdbeeren belegen und mit den Pistazien bestreuen.

REZEPTVERZEICHNIS